Florian Heinrich · Ernst Plaum

Fragwürdige Fragebögen

Florian Heinrich · Ernst Plaum

Fragwürdige Fragebögen

Paradigmatische Untersuchungen
zur Gewalt in der Schule

VS VERLAG FÜR SOZIALWISSENSCHAFTEN

Bibliografische Information der Deutschen Nationalbibliothek
Die Deutsche Nationalbibliothek verzeichnet diese Publikation in der
Deutschen Nationalbibliografie; detaillierte bibliografische Daten sind im Internet über
http://dnb.d-nb.de abrufbar.

1. Auflage 2009

Alle Rechte vorbehalten
© VS Verlag für Sozialwissenschaften | GWV Fachverlage GmbH, Wiesbaden 2009

Lektorat: Kea Brahms

VS Verlag für Sozialwissenschaften ist Teil der Fachverlagsgruppe
Springer Science+Business Media.
www.vs-verlag.de

Umschlaggestaltung: KünkelLopka Medienentwicklung, Heidelberg
Druck und buchbinderische Verarbeitung: Krips b.v., Meppel
Gedruckt auf säurefreiem und chlorfrei gebleichtem Papier
Printed in the Netherlands

ISBN 978-3-531-16534-9

Inhaltsverzeichnis

Alle Anhänge sind auch auf der Homepage des Verlags hinterlegt. Auf www.vs-verlag.de finden Sie unter dem Menüpunkt „Online-Plus" bei *Fragwürdige Fragebögen* die entsprechenden Dateien hinterlegt.

Tabellenverzeichnis

Abbildungsverzeichnis

1 Einleitung

Seit Beginn der neunziger Jahre findet das Thema Jugendgewalt und insbesondere dessen Teilgebiet „Gewalt an Schulen" steigende öffentliche Beachtung (Biedermann & Plaum, 2001; von Felten, 2000). Das Thema hat gewissermaßen „seit einiger Zeit im bundesdeutschen Sprachraum Konjunktur" (Biedermann & Plaum, 2001, S. 2), es „hat sich eine flutartige Welle öffentlicher wie auch wissenschaftlicher Diskussion" (von Felten, 2000, S. 11) um dieses Thema formiert. Die meistgestellte – und sehr kontrovers beantwortete – Frage dürfte momentan sein, ob bei der Gewalt unter Jugendlichen eine Zunahme zu verzeichnen ist. Eine generelle Antwort auf diese Frage scheint derzeit vor allem auf Grund fehlender Längsschnittstudien und zum Teil unterschiedlicher methodischer Vorgehensweisen der vorliegenden empirischen Arbeiten nicht möglich.

Bei der Diskussion dieser Problemstellung lassen sich im Wesentlichen zwei konträre Positionen ausmachen, „einerseits Auffassungen, welche Gewaltphänomene an Bildungseinrichtungen nicht überbewerten wollen und folglich darin wenig Anlass zur Besorgnis sehen" (Biedermann & Plaum, 2001, S. 85) und andererseits solche, „die von einer mindestens tendenziellen (quantitativen und/oder qualitativen) Zunahme derartiger Auffälligkeiten bei Schulpflichtigen berichten" (ebd.). Von Felten (2000) spricht in diesem Zusammenhang gar von Bagatellisierung und Beschwichtigung einerseits sowie einer Neigung zu Skandalisierung und pauschalen Schuldzuweisungen andererseits. Dabei wird in der öffentlichen Diskussion oft suggeriert, dass „Gewalt und Aggression unter Jugendlichen nur dann ein ernstzunehmendes Thema [ist], wenn eine Veränderung zum Negativen, also eine Zunahme beobachtbar ist" (Schäfer & Frey, 1999, S. 7). Auch wenn man sich dieser Haltung nicht anschließt, sondern die Position einnimmt, dass man Gewaltphänomenen in Schulen mit geeigneten Maßnahmen entgegen treten muss – unabhängig davon, ob eine empirische Evidenz für eine Zunahme solcher Phänomene besteht oder nicht – kann dennoch kein Zweifel an der Notwendigkeit einer angemessenen Informationsgewinnung, etwa vor eventuellen Interventionen oder in der Forschungstätigkeit, bestehen (Klewin, Tillmann & Weingart, 2002).

Bei Forschungsprojekten zur Bestimmung des Ausmaßes von Gewalthandlungen an Schulen werden hauptsächlich schriftliche und mündliche Befragungen eingesetzt, wobei anscheinend derzeit standardisierte Fragebogenverfahren das „Mittel der Wahl" darstellen. So stellt von Felten (2000) anhand einer Synopse von 59 vorwiegend universitären Forschungsprojekten zum Themenbereich Jugendgewalt fest, „dass eine überwiegende Mehrheit (47 Projekte mit einem Anteil von 80 Prozent) aller Untersuchungen ausschließlich oder unter anderem eine schriftliche Befragung mittels standardisiertem Fragebogen präferieren" (von Felten, 2000, S. 52). Biedermann und Plaum (2001) sehen für das Gebiet Aggression und Gewalt an Schulen nach Inspektion einschlägiger empirischer Arbeiten bestätigt, „dass in der Mehrzahl diesbezüglicher Forschungsprojekte nahezu ausschließlich Fragebogenmethoden und mündliche Interviewtechniken Verwendung finden" (Biedermann & Plaum, 2001, S. 5). Nach Oberwittler (1993) werden in der empirischen Gewaltforschung in etwa zwei Drittel der Fälle ausschließlich mündliche und schriftliche Interviewverfahren eingesetzt. Insbesondere Schulbefragungen zum Thema Jugenddelinquenz und -gewalt" (Oberwittler & Naplava, 2002, S. 50) haben in den letzten Jahren „eine bemerkenswerte Konjunktur erlebt" (ebd.). Für den Bereich der Jugenddelinquenzforschung konstatieren Naplava und Oberwittler (2002) einen Methodenwechsel weg von haushaltsbasierten Interviews hin zum Einsatz von schriftlichen Schulbefragungen, „womit sich diese Erhebungsform in den letzten Jahren zum Standardverfahren der Jugenddelinquenzforschung entwickelt hat" (Naplava & Oberwittler, 2002, S. 402).

Allerdings fehlt es weitgehend an Studien zu den methodischen Aspekten von Schulbefragungen, wodurch die „Vor- und Nachteile von Schulbefragungen gegenüber anderen Erhebungsverfahren [...] in der wissenschaftlichen Diskussion unterbelichtet" (ebd.) bleiben. Die Verwendung von Fragebögen beinhaltet – neben eindeutigen Vorteilen etwa hinsichtlich Ökonomie und Standardisierung – auch zahlreiche Probleme (Amelang & Bartusssek, 1997; Fisseni, 1997; Lösel, 1999) wobei es sich „bei der potentiellen Verfälschungsmöglichkeit um eines der schwerwiegendsten Methodenprobleme bei Fragebogen" (Amelang & Zielinski, 1994, S. 199) handeln dürfte. In Anbetracht der gesellschaftlichen Relevanz des Themas Gewalt an Schulen, mit zum Teil schwerwiegenden und lang anhaltenden negativen Konsequenzen – sowohl für die Opfer als auch die Täter (Olweus, 1996) – und unter dem Eindruck der disparaten, ja teilweise konträren Forschungsergebnisse scheint eine kritische Betrachtung der weitverbreiteten Praxis, Fragebogenverfahren als alleinige Quellen der Informationsgewinnung zu verwenden, angezeigt.

2 Problemstellung und Zielsetzung

Wie in der Einleitung dargelegt, beruht der Großteil aktueller Untersuchungen zum Themenbereich Aggression und Gewalt an Schulen auf schriftlichen Befragungen unter Verwendung standardisierter Fragebögen. Bevor auf die spezifische Situation einer schriftlichen Schulbefragung eingegangen wird, sei zunächst auf eventuelle Nachteile von Fragebogenverfahren im Allgemeinen eingegangen. Dabei stellen sich nach Friedrichs (1990) folgende Fragen: „1. Versteht der Befragte das gleiche unter der Frage/den Antwortvorgaben wie der Forscher? 2. Sagt der Befragte was er denkt? 3. Handelt der Befragte so, wie er sagt?" (Friedrichs, 1990, S. 224). Mit Fisseni (1997) sei gefragt „– nach der Kompetenz des Probanden zur Selbstbeschreibung [...], – nach seiner Bereitschaft zur Selbstbeschreibung [...], – nach der Relation zwischen Selbstbeschreibung und Verhalten [...]" (Fisseni, 1997, S. 301).

Lösel (1999) führt als Gründe für die starke Verbreitung von (Persönlichkeits-)Fragebögen auf: hohe Augenschein-Validität, Ökonomie hinsichtlich Zeit und Kosten, weitgehende Standardisierung, Anwendbarkeit der Methoden der Testtheorie sowie die Tatsache, dass viele diagnostische Informationen ausschließlich oder am einfachsten mit solchen Methoden gewonnen werden können. Fisseni (1997) nennt als Vorteile unter anderem die psychometrische Konstruktion, die Möglichkeit der Distanzierung vom persönlichen Eindruck (Einschränkung von Beurteilerfehlern), die Erleichterung der diagnostischen Untersuchung (einfache Anwendbarkeit, schnelle Auswertung), die Möglichkeit der Quantifizierung des Materials sowie den Normbezug.

Neben allgemeinen Fehlerquellen, die in der diagnostischen Situation auftreten können, ist „bei Fragebogen mit zahlreichen Problemen zu rechnen, welche die Gültigkeit der Daten vermindern" (Lösel, 1999, S. 368). So können sich nach Lösel (1999; vgl. auch Amelang & Bartussek, 1997; Fisseni, 1997) beispielsweise die semantischen Strukturen von Testkonstrukteur und Proband[1] unterscheiden, die Items werden eventuell von verschiedenen Personen nicht im

---

[1] Im Folgenden wird der einfachen Lesbarkeit halber zumeist nur die männliche Form zur Kennzeichnung der Versuchspersonen gebraucht, was nicht als Diskriminierung zu werten ist. Um dies zu unterstreichen, wird immer dann, wenn zugleich die weibliche und männliche Form Verwendung findet, erstere an erster Stelle genannt (bpsw. „Schülerinnen und Schüler").

Sinne der Diagnostiker verstanden bzw. unterschiedlich interpretiert und es mögen Gedächtnisprobleme und Erinnerungsfehler auftreten. Mangelnde Sorgfalt sowie Unaufmerksamkeit, zum Beispiel wenn die Befragung sehr lang ist oder von den untersuchten Personen eigentlich abgelehnt wird, können hinzukommen. Insbesondere sind nach Lösel (1999) die sogenannten Antworttendenzen (response sets) zu nennen. Dabei handelt es sich um Antworten von Probandinnen und Probanden (= Pbn, sing. = Pb), die eher durch formale Aspekte der Befragung bedingt sind als durch die zu erhebenden Merkmalsausprägungen und von daher eine Verfälschung der jeweiligen Ergebnisse bewirken. So tendieren beispielweise einige Pbn dazu, relativ unabhängig vom Inhalt der Frage zustimmend (Tendenz zur unkritischen Zustimmung, acquiescence, Ja-Sagen) oder ablehnend (Tendenz zur unkritischen Ablehnung, Nein-Sagen) zu antworten. Manche Personen bevorzugen bei abgestuften Antwortmöglichkeiten „aus Unsicherheit, mangelndem Verständnis, geringer Differenzierungsfähigkeit bestimmte (z.B. mittlere oder extreme) Skalenwerte" (Lösel, 1999, S. 371), was als Tendenzen zu undifferenzierten Antworten, zu indifferenten Antworten (Tendenz zur Mitte, Ambivalenz) sowie als Neigung zu extremen Antworten (Schwarz-Weiß-Malen) bezeichnet wird. Weiterhin können Positions- und seriale Effekte sowie solche auf Grund formal-syntaktischer Merkmale auftreten, also „eine Tendenz zu Antwortmöglichkeiten in Abhängigkeit von deren Länge, Wortfolge oder serialer Position" (Amelang & Bartussek, 1997, S. 175).

Eine besondere – und wohl die bekannteste – Form der Antwortverfälschung stellt die Tendenz zu sozial erwünschten Antworten dar, d.h. es wird – nicht wahrheitsgemäß – „so geantwortet, wie es den Kollektivnormen der Gesellschaft in der man lebt, – gegebenenfalls auch einer enger umgrenzten Gruppe – zu entsprechen scheint" (Plaum, 1996, S. 92). Defizite hinsichtlich der Fähigkeit zur Selbstbeobachtung bzw. Selbsterkenntnis (Selbsttäuschung) stellen weitere potentielle Fehlerquellen dar. Bei Antworttendenzen handelt es sich nicht notwendigerweise um absichtliche, zielgerichtete Verstellungen, sondern vielmehr um – mehr oder weniger bewusste – Tendenzen, ein bestimmtes Bild von sich zu präsentieren.

> Diese ‚Selbstpräsentation' lässt sich als eine Spielart des ‚Impression-Managments' beschreiben: Eine Person ist stets bestrebt, das Bild mitzugestalten, das andere Personen von ihr „haben" (sollen). Mit diesem Streben muss sie weder Verstellungs- noch Täuschungsabsichten verknüpfen. Sie verhält sich ständig wie ein Schauspieler, der sich mehr und weniger bewusst an seine Rolle anpasst.
> (Mummendey, 1987, zitiert nach Fisseni, 1997, S. 303)

Häufig dienen solche Selbstdarstellungen dazu, das eigene Selbstwertgefühl zu erhöhen bzw. zu schützen, wobei „der Wunsch nach Selbstwertschutz und -erhöhung so bedeutsam sein kann, dass sogar materielle Interessen vernachlässigt werden" (Schütz & Marcus, 2004, S. 198).[2]

Dabei bestehen „von der mehr oder weniger unwissentlich durch Erinnerungs-, Selbstbeobachtungs- und Selbstdarstellungsproblemen ‚verzerrten' Beantwortung [...] fließende Übergänge zur absichtlichen Verfälschung bzw. Verstellung (= Faking)" (Lösel, 1999, S. 370). Dieses Problem der Simulation/Dissimulation besteht insbesondere, wenn positive oder negative Entscheidungen für den Pb von dessen Antwortverhalten abhängen, beispielsweise bei der Auswahl von Stellenbewerbern oder bei Rentenentscheidungen. In Fällen von Selektion und Konkurrenzauslese muss von „absichtlichen Verfälschungen in positiver Richtung ausgegangen werden" (Amelang & Zielinski, 1994, S. 190), weshalb „unter solchen situativen Bedingungen erhobene Protokolle gewöhnlich unbrauchbar" (ebd.) sind (siehe auch Amelang & Bartussek, 1997). Marcus (2003) hat allerdings darauf hingewiesen, dass soziale Erwünschtheit in einem derartigen Kontext die kriterienbezogene Validität von Persönlichkeitsfragebögen sogar verbessern kann.

Nach Amelang & Zielinski (1994) stellt die potentielle Verfälschungsmöglichkeit eines der schwerwiegendsten Methodenprobleme bei Fragebögen dar. Nun ist selbstverständlich nicht anzunehmen, dass Fragebögen prinzipiell für psychologische Untersuchungen ungeeignet sind. Tritt beispielsweise eine Person von sich aus mit der Bitte um Beratung oder Therapie an einen Psychologen heran, so darf davon ausgegangen werden, dass zumindest eine grundsätzliche Bereitschaft besteht, die gestellten Fragen offen und ehrlich zu beantworten. Ähnlich mag es sich bei anonymen wissenschaftlichen Routineuntersuchungen verhalten, deren Fragestellungen die Pbn nur marginal tangieren (Amelang & Zielinski, 1994; Biedermann & Plaum, 2001). Allerdings liegen auch Befunde vor, wonach schon bei harmlosen Fragestellungen, etwa nach Freizeiteinstellungen, dem eigenen Alter oder dem Beruf des Vaters „nicht generell die Ehrlichkeit der Auskünfte des Betroffenen vorauszusetzen ist" (Biedermann & Plaum,

---

[2] Zur Illustration mag folgendes Beispiel dienen: In einer psychologischen Begutachtung eines männlichen Strafgefangenen beschrieb sich dieser in einschlägigen (hinsichtlich der Thematik durchschaubaren) Fragebogenverfahren durchgängig als sehr aggressiv. Dies stand in Widerspruch zu den Ergebnissen in weniger bzw. nicht durchschaubaren diagnostischen Verfahren sowie zu dem Gesamtbild, welches sich aus Aktenlage und Exploration ergab. Der Proband zeigte in Zusammenhang mit dem Thema Aggression keinerlei Tendenzen, sich in sozial erwünschter Weise darzustellen. Dies scheint sehr ungewöhnlich, da die Diagnostikanden bewusst war, dass von ihm angestrebte und erhoffte Hafterleichterungen direkt von dieser Begutachtung abhängig waren. Dieses Verhalten wurde dahingehend interpretiert, dass sich der Proband – im Vergleich mit dem äußeren Erscheinungsbild der beiden (männlichen) Untersucher – auf Grund seiner erlebten Selbstwertdefizite in überkompensatorischer Weise als aggressiv-durchsetzungsstarker Mann darstellen wollte (vgl. Plaum, 2002). In diesem Fall war für den Pb offenbar sein eigener Selbstwertschutz (bzw. die eigene Selbstwerterhöhung) bedeutsamer als eventuelle Nachteile in Hinsicht auf die angestrebten Hafterleichterungen.

2001, S. 120). Nach Fisseni (1997) verbietet es sich – auf Grund der zahlreichen Vorteile – auf den Einsatz von Fragebogen zu verzichten, es ist allerdings auch – wegen der damit verbundenen Probleme (siehe oben) – davon abzuraten, Fragebogen isoliert einzusetzen. Der genannte Autor empfiehlt den Einsatz zusammen mit „Leistungstests, Verhaltensbeobachtung, Exploration und projektiven Verfahren"[3] (Fisseni, 1997, S. 313).

Als Fazit kann festgehalten werden: Auf Selbsturteile grundsätzlich zu verzichten bedeutet, Erkenntnismöglichkeiten zu vergeben. Doch dürfte es wohl weniger ihr alleiniger Einsatz als vielmehr ihre Kombination und mehr noch ihr Abgleich mit anderen Quellen und Verfahren sein, der Selbsturteile diagnostisch ergiebig macht. (Esser, 1995, zitiert nach Fisseni, 1997, S. 313)

In Zusammenhang mit der Diagnostik von Aggression bzw. Aggressivität – also Verhaltensweisen, die in der Regel sozial unerwünscht sind, zum Teil auch sanktioniert werden – sind von den oben aufgeführten Fehlerquellen insbesondere die Tendenz zu sozial erwünschten Antworten sowie Simulationen/Dissimulationen von Bedeutung. Ein „Aggressionsfragebogen beispielsweise kann systematisch so verfälscht werden, dass das gleiche Resultat herauskommt, wie bei einem kaum aggressiven, allgemein recht friedlichen Probanden, der den Test offen und ehrlich beantwortet hat" (Plaum, 1990, zitiert nach Biedermann & Plaum, 2001, S. 149).

Ein Beispiel für eine solche systematische und bewusste Verfälschung findet sich bei Landscheid (1998):

Weidner (1990) berichtet etwa über ein von ihm entwickeltes ‚Anti-Aggressivitäts-Training' im Strafvollzug, bei dessen Evaluation Fragebogenmaße [...] zum Einsatz kamen. Insbesondere ein Teilnehmer absolvierte den Trainingskurs, ohne dass für Trainer oder Justizmitarbeiter eine Einstellungs- oder Verhaltensänderung ersichtlich war. Die Posttreatment-Befragung mit [...] [einem Standardfragebogenverfahren] erbrachte für diesen Jugendlichen jedoch weit unterdurchschnittliche Aggressivitätswerte und weit überdurchschnittliche Werte für Aggressionshemmung und Offenheit. Auf den Widerspruch zwischen Verhalten und Selbsteinschätzung angesprochen, gab der Jugendliche an, er habe konsequent das Gegenteil seiner Überzeugung angekreuzt, um ein gutes Testergebnis zu erreichen (S. 179). Dieses Beispiel mag illustrieren, in welch hohem Maße Selbsteinschätzungsinstrumente Verfälschungstendenzen unterliegen können, besonders wenn sie sozial unerwünschte Verhaltensweisen wie Aggressivität in einem Kontext erfassen sollen, in dem möglicherweise Entscheidungen zum Vor- oder Nachteil des Probanden von dieser Beantwortung abhängig sind. (Landscheid, 1998)

---

[3] Zu „projektiven Verfahren" siehe unten.

Bei der Untersuchung aggressiv-gewalttätiger Reaktionstendenzen tritt die potentielle Verfälschbarkeit von Fragebögen als zentrales Problem hervor, es ist „vermehrt mit Verzerrungen, Einseitigkeiten oder gar Unwahrheiten" (Biedermann & Plaum, 2001, S. 6) zu rechnen. Gerade in diesem Themenbereich scheint also eine Kombination von Fragebogenverfahren mit anderen Verfahren angezeigt, eine Vorgehensweise die als „multimethodale" bzw. „methodenpluralistische Strategie" bezeichnet wird. Eine – auch nur halbwegs angemessene Darstellung – dieser Strategie würde den Rahmen dieser Arbeit bei weitem sprengen, im Folgenden wird das Vorgehen am Beispiel der Diagnostik der Aggressivität – ohne Nennung konkreter Testverfahren – lediglich skizziert. Eine ausführliche Darstellung findet sich bei Plaum (1992), einführend bei Plaum (1996) sowie spezifisch zur Diagnostik der Aggressivität bei Biedermann & Plaum (2001).

Allgemein ausgedrückt bedeutet multimethodale Informationsgewinnung „die Erfassung gleicher Gegebenheiten mit Hilfe unterschiedlicher Strategien" (Biedermann & Plaum, 2001, S. 123). Im Idealfall werden mit dieser Strategie gewonnen Informationen durch verschiedene, voneinander unabhängige Verfahren bestätigt (Mehrfachbeleg). Die Kombination verschiedener methodischer Zugänge gestattet eine verlässlichere Absicherung von diagnostischen Informationen und ermöglicht es, eventuelle Schwächen einzelner Verfahren zu kompensieren. Dieses diagnostische Vorgehen ist stark von der Einzelfallarbeit (Kasuistik) geprägt, bei der ein hohes Maß an Gewissheit bezüglich der Urteilsbildung angestrebt werden muss. Dafür mögen die Resultate einzelner Verfahren – für sich alleine betrachtet – im konkreten Fall nicht ausreichen, die Gesamtsicht aller Befunde bezüglich einer bestimmten Fragestellung bietet jedoch einen hohen Grad an Sicherheit. So gewonnene Informationen „erscheinen umso gesicherter, je mehr Verfahren in die gleiche Richtung weisen" (Plaum, Pulver & Schmid, 1995, nach Biedermann & Plaum, 2001, S. 123), ein Vorgehen, welches als kumulative Urteilsbildung bezeichnet werden kann. Neben solchen konvergenten („in die gleiche Richtung weisenden") können selbstverständlich auch divergente (inkonsistente) Befunde auftreten. Der Untersucher steht dann vor der Aufgabe, diese Diskrepanzen zu erklären, wobei auch die spezifischen Besonderheiten des methodischen Ansatzes, mit dem die einzelnen Informationen gewonnen wurden, in die Überlegungen einbezogen werden müssen. Solche Divergenzen sind keineswegs lediglich als „lästige" Hindernisse bei der Diagnostik zu betrachten, sondern stellen oft Ansatzpunkte für eine weitere Hypothesenbildung dar.[4]

---

[4] Hier kann wieder die in Fußnote 1 erwähnte psychologische Begutachtung eines Strafgefangenen als Beispiel dienen. Die Divergenzen der Befunde bezüglich der Aggressivität in verschiedenen Testverfahren mögen bei oberflächlicher, isolierter Betrachtung lediglich verwirrend wirken. Bezieht man die Besonderheiten der methodischen Zugänge (für den Pb durchschaubare vs. für den Pb nicht

Bei der Diagnostik von Aggressivität scheint es sinnvoll, Fragebogenverfahren zusammen mit anderen Verfahren einzusetzen.[5] Als solche bieten sich
nach Biedermann (2007) insbesondere die sogenannten projektiven (indirekten)
Techniken an.[6] Ohne detailliert auf die Besonderheiten dieser heterogenen Klasse von diagnostischen Techniken einzugehen, sei in diesem Zusammenhang
lediglich darauf hingewiesen, dass sie im Gegensatz zu Fragebogenverfahren –
bei denen der Proband auf Grund der Iteminhalte in der Regel zumindest in etwa
weiß, um was es geht (offene Situation) – mit verdeckten Zielsetzungen arbeiten
(nichtdurchschaubare Situation). In einer solchen nichtdurchschaubaren Situation
ist dem Pb lediglich die Tatsache sowie der Zeitpunkt einer Untersuchung bewusst, nicht aber deren Gegenstand sowie dessen Operationalisierung (Biedermann, 2007). Durch eine Kombination mit nichtdurchschaubaren Verfahren
könnte das Hauptproblem bei der Verwendung von Fragebögen zur Erhebung
sozial unerwünschter Verhaltensweisen, die potentielle Verfälschbarkeit, zumindest minimiert werden. Wenn beispielsweise ein Proband in einem Fragebogenverfahren angibt, „sein Verhalten an gesellschaftlichen Normen auszurichten, bei
einer indirekten [nicht durchschaubaren] Methode [...] jedoch eine egozentristi-
sche, aggressiv gefärbte Lebenseinstellung erkennen lässt, so kann man zumindest einen Konflikt zwischen den direkt geäußerten Intentionen und anderen
Handlungsimpulsen annehmen bzw. die Existenz einer sozialen Fassade vermuten, welche der personalen Realität dieses Menschen nicht entspricht" (Plaum,
1991, zitiert nach Biedermann & Plaum, 2001, S. 150).[7] Auch bei Petermann &
Petermann (2000) findet sich in Zusammenhang mit Aggressionsdiagnostik die
Forderung nach einer multimethodalen Diagnostik, beispielsweise durch Exper-
tenurteile, Eltern- oder Lehrerurteile, Verhaltensbeobachtungen sowie psychometrische Tests, hier liegt der Schwerpunkt aber eher auf der Einbeziehung verschiedener Quellen der Informationsgewinnung als auf der Verwendung unterschiedlicher methodischer Zugänge.

---

durchschaubare Verfahren in der konkreten Erhebungssituation) im Gesamtkontext der zur Verfügung stehenden Informationen (andere diagnostische Verfahren, Verhaltensbeobachtung, Exploration, Aktenlage) in die Überlegungen mit ein, so kann, quasi als „Erhellungsdimension", die Hypothe-
se einer überkompensatorischen, aggressiven Selbstdarstellung auf Grund erlebter Selbstwertdefizite
aufgestellt werden.
[5] Ein Überblick über verschiedene Verfahren bzw. methodische Zugänge zur Diagnostik von Aggression bzw. Aggressivität findet sich bei Biedermann (2007) sowie bei Petermann & Petermann (2001).
[6] Zur Gruppe der sogenannten projektiven Techniken siehe Plaum (1992), Schaipp & Plaum (1995).
[7] Solche (verdeckten) diagnostischen Strategien dienen nicht nur Zielen, die als restriktiv zu betrachten sind (d.h. Aggressivität dort zu entdecken, wo sie ansonsten verborgen geblieben wäre), sondern
können auch zur Entlastung von Pb führen (Biedermann & Plaum, 2001). Als Beispiel für einen
solchen Fall kann ebenfalls die in Fußnote 1 erwähnte Begutachtung dienen.

Auch wenn solche Ansätze eng mit der diagnostischen Einzelfallarbeit verbunden sind, sind sie keineswegs auf diese zu beschränken. Ähnliche Überlegungen finden sich auch bei der in der sozialwissenschaftlichen Forschung ge-
führten Diskussion um systematische Perspektiven-Triangulation bzw. Triangulation (Flick, 2002; Flick, 2000; von Kardorff, 2000; Schnell, Hill & Esser, 1999;
Steinke, 2000). Triangulation „versucht, durch den kombinierten Einsatz verschiedener Erhebungstechniken, Auswahlverfahren, Versuchsanordnungen und
Messtechniken die spezifischen Schwächen der einen Strategie durch den Einsatz einer anderen, die dort ihre besondere Stärke hat, zu kompensieren" (Schnell
et al., 1999, S. 245). Nachdem sie „anfangs als Instrument zur Validierung verstanden wurde [...], wird sie heute als methodische Technik diskutiert, die zu
einer breiteren und tieferen Erfassung des Untersuchungsgegenstandes führt [...]"
(Steinke, 2000, S. 320). Der – über die bloße Kombination verschiedener Techniken und Methoden hinausgehende – Begriff Perspektiven-Triangulation bedeutet, „dass gezielt Forschungsperspektiven und Methoden miteinander kombiniert
werden, die geeignet sind, möglichst unterschiedliche Aspekte eines Problems zu
berücksichtigen" (Flick, 2002, S. 81). Dabei werden die verschiedenen Forschungsperspektiven als unterschiedliche Zugangsweisen zu einem Phänomen
angesehen, die jeweils schwerpunktmäßig auf bestimmte Ausschnitte dieses
(Gesamt-) Phänomens abzielen. Diese unterschiedlichen Zugangsweisen betrachtet man daraufhin, welche(n) Ausschnitt(e) des jeweiligen Phänomens sie er-
schließen *und welche(n) Ausschnitt(e) sie ausschließen*. Folgt man dieser Position, so ergibt sich die Forderung nach Methodenpluralismus bzw. Perspektiven-
Triangulation – jenseits der Kompensation einzelner technischer bzw. methodischer Probleme bestimmter Verfahren – immer dann, wenn ein umfassendes
Gesamtbild eines bestimmten Phänomens – sei es nun eine soziologische oder
individualdiagnostische Fragestellung – gewonnen werden soll (Flick, 2002;
Plaum, 1992).

Die bisherigen Ausführungen beziehen sich im Wesentlichen, aber nicht
ausschließlich auf (individual-)diagnostische Situationen, in denen Pbn ihr eigenes Verhalten beschreiben sollen und diese Beschreibungen den Pbn direkt zugeordnet werden können (Persönlichkeitsfragebögen), wobei unter Umständen
wichtige (positive oder negative) Konsequenzen von diesen Beschreibungen abhängen. Dass unter solchen Bedingungen beim Thema Gewalt und Aggression
mit Antworten in Richtung sozialer Erwünschtheit bzw. mit Simulationen/Dissi-
mulationen zu rechnen ist, wurde ebenso dargelegt wie die daraus resultierende
Empfehlung, zur Informationsgewinnung multimethodal vorzugehen. Wie aber
verhält es sich bei anonymen schriftlichen Befragungen zum Thema Gewalt und
Aggression in einem Forschungskontext?

Nach Oberwittler & Naplava (2002) werden empirische Untersuchungen zu jugendsoziologischen Themen häufig mit Schulbefragungen – also schriftlichen Befragungen von Schülern im Klassenverband während der Unterrichtszeit – durchgeführt, wobei „insbesondere Schulbefragungen zum Thema Jugenddelinquenz und -gewalt" (Oberwittler & Naplava, 2002, S. 50) in den letzten Jahren „eine bemerkenswerte Konjunktur erlebt" (ebd.) haben. Neben den allgemeinen Vorteilen von Fragebogenverfahren, insbesondere dem ökonomischen Gesichtspunkt und der Möglichkeit, große Stichproben zu realisieren, liegt ein solches Vorgehen natürlich nahe, wenn die Schule expliziter Aspekt der Untersuchung ist. In der einschlägigen Literatur wird die Schulbefragung, eine Sonderform der schriftlichen Befragung, allerdings „nur am Rande oder gar nicht erwähnt" (Oberwittler & Naplava, 2002, S. 51; siehe etwa auch Diekmann, 2002; Friedrichs, 1990; Kromrey, 2002; Schnell et al., 1999), die „Vor- und Nachteile von Schulbefragungen gegenüber anderen Erhebungsverfahren bleiben in der wissenschaftlichen Diskussion unterbelichtet" (Naplava & Oberwittler, 2002, S. 402; vgl. auch Oberwittler, 2003). Zur Frage, ob die – und wenn ja, welche – oben erwähnten Probleme bei Schulbefragungen auftreten, finden sich wenig Aussagen. Bei der schriftlichen Befragung im Allgemeinen wird davon ausgegangen, dass „die vergleichsweise hohe Anonymität des Vorgangs [...] von Vorteil [ist], wenn die Fragen heikle Themenbereiche berühren" (Manstead & Semin, 1996, S. 104). Als heikel werden „gemeinhin Fragen bezeichnet, deren wahrheitsgemäße Beantwortung zu einer besonders großen Spannung mit der Tendenz der sozialen Erwünschtheit führen kann" (Oberwittler & Naplava, 2002, S. 52).

> Zum Problem sozialer Erwünschtheit gehören auch die sogenannten „unangenehmen Fragen": Bei tabuisierten Themen versucht ein Teil der Befragten z.B. durch Verweigerung oder „Meinungslosigkeit" die Antwort zu umgehen oder sozial unerwünschte Eigenschaften abzustreiten. Da diese Reaktion durch die befürchteten Konsequenzen der Antwort ausgelöst wird, hängt das Ausmaß der Meinungslosigkeit bzw. des Item-Nonresponse und der Antwortverfälschung vor allem von der (vermuteten) Überprüfbarkeit der Angaben und von der vermuteten Vertraulichkeit der Angaben ab. (Schnell et al., 1999, S. 333)

Die Sichtweise von Schnell et al. (1999) entspricht einer rationalen Theorie des Befragungsverhaltens, welches demnach von antizipierten Konsequenzen (im Sinne von Kosten-Nutzen-Abwägungen) (mit-)bestimmt wird. Hier wäre zu ergänzen, dass neben befürchteten Konsequenzen, die zu bewussten Simulationen/ Dissimulationen führen können, auch mehr oder weniger (un-)bewusste Selbstdarstellungstendenzen bei der Beantwortung eine Rolle spielen könnten (siehe oben). Solche Selbstdarstellungstendenzen wären sogar bei vermuteter Vertraulichkeit der Angaben denkbar, etwa im Sinne einer Darstellung vor sich selbst

bzw. vor einem internen Publikum (vgl. Schütz & Marcus, 2004). Speziell zum
Thema Schulbefragungen findet sich jedoch bei Schäfer und Frey (1999) Folgendes:

> Es gibt aber keinerlei Anlass, an der validen Auskunftsfähigkeit von Schülern zu
> zweifeln. Auch wenn – abhängig vom kognitiven Entwicklungsstand – die Kompe-
> tenz zur Abschätzung langfristiger Folgen von Aggression und gerade systemati-
> scher Viktimisierung noch eher schwach ausgebildet ist (ein Tatbestand, der im Zu-
> sammenhang mit Mobbing allerdings auch für viele Erwachsene noch zutrifft), so
> lässt das keine Rückschlüsse auf die Kompetenz zu, mit der Kinder positive und ne-
> gative soziale Beziehungen in ihrer Klasse einschätzen können. Im Gegenteil sind
> schon Drei- bis Vierjährige in der Lage, sogar Formen indirekter Aggression als
> eindeutig aggressiv und mit ihrer verletzenden Intention zu erkennen, anzusprechen
> und bestimmten Personen z.B. in der Kindergartengruppe zuzuordnen [...]. Ebenfalls
> sind sich auch jüngere Schüler schon eindeutig der Sanktionen bewusst, die Aggres-
> sion gegen Schwächere – also Bullying – verbieten würden [...]. Wählt man also
> anonyme Befragungen unter Schülern als Informationsquelle für Aggression, Vikti-
> misierung oder spezieller Bullying im Klassenverband, so lässt sich ein präzises Bild
> des sozialen Umgangs in der Klasse zeichnen.
> (Schäfer & Frey, 1999, S. 13-14)

Interessanterweise gehen Schäfer & Frey (1999) hier lediglich auf die Frage ein,
ob die Befragten *fähig* sind, Auskunft zu geben. Die Frage ihrer Auskunfts*bereitschaft* bzw. eventueller anderer Verfälschungstendenzen wird nicht angesprochen. Auch wenn es nicht explizit formuliert wird, scheinen aus Sicht der Autoren diesbezügliche Bedenken bei *anonymen* Befragungen hinfällig zu sein. Neben der Frage, inwieweit Befragungen im Klassenrahmen *objektiv* anonym sein
können (zu denken wäre hier etwa an die Möglichkeit der Einsichtnahme durch
Sitznachbarn, siehe unten), wäre mindestens zu klären, ob die Befragten *subjektiv* auf die Anonymität solcher Befragungen vertrauen (vermutete Vertraulichkeit
der Angaben).

Oberwittler & Naplava (2002) bzw. Köllisch & Oberwittler (2004) thematisieren die Unterschiede schriftlicher Schulbefragungen im Vergleich zu haushaltbasierten Interviews am Beispiel der selbstberichteten Delinquenz. In einer
Methodenstudie mit gleicher Grundgesamtheit und gleichem Erhebungsinstrument verglichen sie die beiden Verfahren, wobei sich erhebliche Unterschiede
sowohl in den Prävalenzraten als auch in den Korrelationen mit anderen Variablen ergaben.[8] In den haushaltsbasierten Interviews lagen die Prävalenzraten
selbstberichteter Delinquenz um 20-50 % niedriger als in der Schulbefragung,

---

[8] Die realisierte Stichprobe umfasste bei den haushaltbasierten Interviews 309, bei der schriftlichen
Schulbefragung 337 Befragte (Köllisch & Oberwittler, 2004).

was primär durch Stichprobeneffekte (bessere Abbildung von delinquenten Jugendlichen bzw. solchen mit niedrigem Sozialstatus in der Schulbefragung) erklärt wird. Die Autoren halten – neben den höheren Ausschöpfungsraten und der besseren Erreichbarkeit delinquenter Jugendlicher – Schulbefragungen auch wegen der ungleich höheren Anonymität der Befragungssituation gegenüber den haushaltbasierten Interviews für überlegen. Unter den Bedingungen einer Schulbefragung „ist den Befragten plausibel zu vermitteln, dass ihre Angaben vertraulich behandelt und nicht persönlich zugeordnet werden" (Naplava & Oberwittler, 2002, S. 404). Allerdings werden – da das Ausfüllen der Fragebögen nicht völlig unbeobachtet von den Sitznachbarn möglich ist – auch Kontexteffekte vermutet:

> Sind also bei schriftlichen Schulbefragungen Interviewereffekte eher unwahrscheinlich, so können Effekte durch die spezifische Situation des Gruppenkontextes, in dem die Befragung stattfindet, auftreten. Angaben können vom Nachbarn übernommen werden, und die Möglichkeit des Einblicks in den Fragebogen durch den Nachbarn kann wiederum auch Hemmungen im Antwortverhalten hervorrufen. (Naplava & Oberwittler, 2002, S. 404)

In einer Nachbefragung am darauffolgenden Tag wurden 163 Schülerinnen und Schüler (54 Hauptschüler, 107 Gymnasiasten) befragt, wie viel von den „wirklich" begangenen delinquenten Handlungen sie angegeben haben. Dabei gaben 28 % der Hauptschüler und 25.5 % der Gymnasiasten an, keine Delikte begangen zu haben und deswegen auch keine angekreuzt zu haben. Von denjenigen, die delinquente Handlungen eingeräumt hatten, gaben 83.4 % (Hauptschüler) bzw. 93.5 % (Gymnasium) an, „das meiste" oder „alles" berichtet zu haben. „Von denjenigen, die nicht ‚alles' berichtet haben, werden zur Begründung vor allem Zweifel an der Anonymität der Befragung – auch gegenüber den Mitschülerinnen und Mitschülern – sowie das Fehlen von Items zu den von ihnen begangenen Delikten sowie Erinnerungslücken angeführt" (Naplava & Oberwittler, 2002, S. 415). Diese Ergebnisse deuten nach Meinung der Autoren weder auf massive Tendenzen des bewussten Verschweigens noch des bewussten Übertreibens hin und werden „vorsichtig als ein Indiz der Validität von Angaben zur selbstberichteten Delinquenz in Schulbefragungen gewertet" (Naplava & Oberwittler, 2002, S. 416). Auch ein weiterer Validierungsansatz – der Vergleich der aggregierten Angaben zur selbstberichteten Delinquenz mit den entsprechenden Daten der offiziell registrierten Delinquenz (siehe Köllisch & Oberwittler, 2004) – ergab „keine Hinweise darauf, dass die Prävalenzraten der Delinquenz in Schulbefragungen überschätzt würden" (Naplava & Oberwittler, 2002, S. 416). Vielmehr sprächen Indizien für eine Unterschätzung der Raten in der mündlichen Befragung. Insgesamt betrachtet erscheinen den Autoren „Schulbefragungen als ein empfehlenswertes Erhebungsverfahren, wenn die Zielpopulation Jugendliche im schulpflichtigen Alter" (Naplava & Oberwittler, 2002, S. 420) sind. Allerdings „scheinen auch die Ergebnisse von Schulbefragungen nicht frei von spezifischen Verzerrungen zu sein" (ebd.); die Autoren halten weitere Methodenstudien für nötig, „bei denen der Befragungskontext bei Schulbefragungen experimentell variiert wird, so dass der vermutete Effekt der gegenseitigen Beeinflussung der Befragten kontrolliert werden kann" (ebd., siehe auch Köllisch & Oberwittler, 2004).

Insgesamt betrachtet besteht weiterer Aufklärungsbedarf hinsichtlich der Frage, welche Fehlerquellen bei schriftlichen Schulbefragungen zum Thema Gewalt und Aggression auftreten können. Die vergleichsweise hohe Anonymität gegenüber dem Interviewer ist sicherlich ein großer Vorteil solcher Befragungen. Allerdings bleibt zu klären, ob die Befragten subjektiv auch auf diese Anonymität vertrauen. Auch eventuelle Kontexteffekte, beispielsweise eine Hemmung des Antwortverhaltens, hervorgerufen durch die Möglichkeit der Einsichtnahme durch Klassenkameraden, können nicht ausgeschlossen werden. Jenseits eher bewusster Simulationen/Dissimulationen (welche auf rationalen Entscheidungen hinsichtlich befürchteter Konsequenzen beruhen) sind auch mehr oder weniger unbewusste Selbstdarstellungstendenzen denkbar.

3 Entwicklung einer ungewöhnlichen Untersuchungsmethode und erste empirische Resultate

3.1 Die Idee eines „Metafragebogens"

Wie soeben angesprochen bietet nicht einmal zugesicherte Anonymität bei Fragebogenerhebungen in jedem Fall die Gewähr für realitätsentsprechende Antworten. Hiervon unabhängig stellen neben kognitiven Voraussetzungen sozial erwünschte (verbale) Reaktionen ein Hauptproblem dar (siehe Kapitel 1). Weniger professionell ausgedrückt geht es dabei in ganz entscheidender Weise um die Frage der Ehrlichkeit hinsichtlich des Antwortverhaltens der Pbn. Aber kann man hierzu valide Daten bekommen? Versuche, über sogenannte Lügenitems bzw. Skalen zur sozialen Erwünschtheit entsprechende Informationen zu erhalten, sind wenig erfolgreich gewesen (vgl. beispielsweise Biedermann, 2007). Abgesehen von einer auch hierbei keineswegs auszuschließenden Durchschaubarkeit der Untersuchungsintention ist die inhaltliche Übertragbarkeit einschlägiger Fragen bzw. Statements auf andere Bereiche – etwa den der Aggressivität – höchst zweifelhaft. So lässt sich beispielsweise das Eingeständnis, gegebenenfalls öffentliche Nahverkehrsmittel ohne Fahrschein zu benutzen, nicht mit der Aussage vergleichen, man habe mindestens einmal jemanden mit einer Waffe bedroht. Letztlich könnte die Frage nach der Ehrlichkeit von Aussagen nur bereichsspezifisch beantwortet werden. Das aber würde bedeuten, dass man nicht etwa nur indirekt von einer (mutmaßlichen) Ehrlichkeit bezüglich eines Gebietes auf realitätsentsprechende Äußerungen, ein anderes betreffend, schließen dürfte, sondern bei Befragungen tatsächlich ganz direkt die Offenheit im Hinblick auf die interessierenden Inhalte thematisieren sollte. Zum Thema Aggressivität müsste dann beispielsweise zur Vorgabe einschlägiger Items zusätzlich gefragt werden, wie ehrlich die Pbn diese denn beantworten.

Dabei würde es um eine doppelte Befragung gehen, und zwar eine auf sozusagen zwei Ebenen; die Fragen nach der Ehrlichkeit der Beantwortung wären dann gewissermaßen auf einem höheren Niveau der Betrachtung angesiedelt, man könnte von einer „Meta-Ebene" sprechen. Allerdings handelte es sich dann eben wiederum nur um eine Befragung, eine ziemlich komplizierte zudem, und die Ehrlichkeit der Antworten zur Ehrlichkeit derselben ließe sich erneut hinterfragen; ein solches Vorgehen mag schließlich an einen unendlichen Regress denken lassen. Die Entwicklung eines Fragebogens zur Erhebung der Ehrlichkeit bei der Beantwortung von Fragen zu bestimmten Themen wäre überhaupt ein höchst gewagtes Unternehmen. Da wir aber keine sinnvollere Alternative erkennen konnten, ließen wir uns dennoch auf diese befremdlich wirkende Idee ein. Dabei erschien es uns jedoch opportun, den anvisierten Bereich lediglich thematisch vorzugeben, hierzu aber keine realen Beantwortungen zu verlangen, sondern lediglich allgemein auf der „Meta-Ebene" nach der Ehrlichkeit bei Items zu eben dieser Thematik zu fragen. Damit wollten wir vermeiden, dass dem Untersucher gegenüber zu derselben konkret-inhaltlich Stellung genommen werden muss und erst in einem zweiten Schritt zusätzliche Aussagen zur Offenheit vorgegeben wären. Dadurch fand von vornherein eine Fokussierung auf die Ehrlichkeit als solcher statt, unabhängig von einer möglichen Beantwortung konkret-inhaltlicher Fragen zur Wirklichkeit des Verhaltens und Erlebens, die selbst nicht preisgegeben wird. Dadurch gestaltete sich zwar nicht der Aufbau unseres Instruments weniger komplex, wohl aber betrifft diese Vereinfachung den Vorgang der realen Bearbeitung durch die Pbn.

Eine derartige Konstruktion eines Fragebogens mag, wie gesagt, geradezu verwegen erscheinen, spricht er doch die Ehrlichkeit sozusagen ganz frontal an und es ist gewiss in Zweifel zu ziehen, ob damit weniger Intimes angesprochen wird als bei direkten Erhebungen zu sonstigen sozial unerwünschten Verhaltensweisen, wie etwa Aggression und Gewalttätigkeit. Man darf aber vielleicht doch davon ausgehen, dass „ein bisschen Unehrlichkeit" („Mogeln") im Alltag als weniger gravierend aufgefasst wird. Daher entschlossen wir uns, das Wagnis eines „Meta-Fragebogens" zur Ehrlichkeit einzugehen. Im ungünstigsten Fall wäre ähnlich wie bei anderen Fragebögen mit massiven Verfälschungen und folglich wenig weiterführenden Resultaten zu rechnen gewesen. Jedenfalls waren wir sehr gespannt, welche Ergebnisse bei einem solchen gewagten Unterfangen wohl zu finden sein würden.

Nach vielen Vorüberlegungen und Revisionen lag ein erster „Metafragebogen" vor (siehe Abbildungen 1 und 2 sowie Anhang A[9]). Er enthält wenige (fiktive) Feststellungen zu den Bereichen Freizeit, Aggressivität und Sexualität. Die tatsächlich zu bearbeitenden Vorgaben bestanden zunächst in drei grob abgestuften Formulierungen bezüglich der Ehrlichkeit bei einer möglichen Beantwortung der jeweils vorgegebenen fiktiven Feststellungen, nämlich „eher ehrlich", „vielleicht ehrlich", „eher unehrlich". Diese vorsichtigen Formulierungen („eher", „vielleicht") sollten dazu führen, dass sich die Versuchspersonen nicht allzu deut-

---

[9] Anhang A ist auf der Verlagshomepage (www.vs-verlag.de) als „Online-Plus" hinterlegt.

lich äußern mussten, bei ihren Selbstaussagen zur Ehrlichkeit sozusagen eine „Hintertüre" offen lassen konnten, in der einen oder anderen Richtung. Es sind daher nur Resultate zu Tendenzen möglich, aber bei dieser Vagheit ist es eventuell leichter, sich durch Ankreuzen auf eine vorgegebene Äußerung festzulegen. Dennoch erlauben auch solche nicht ganz eindeutigen Formulierungen, festzustellen, inwieweit jemand zugeben kann, eher zur (situativ bedingten) Ehrlichkeit oder Unehrlichkeit zu tendieren. Dies genügte für unsere Zwecke. Die weiteren vorgegebenen Alternativen lassen die Möglichkeit zu, sich differenzierter zu äußern, wobei die Frage der Ehrlichkeit dabei zumeist nur indirekt angesprochen wird. Es geht dabei um das Angeben von Gründen für Antworten, die Schlüsse auf die Realität des Verhaltens und Erlebens der Pbn nicht erlauben würden (siehe Anhang A). In der Instruktion wurde aber darauf hingewiesen, dass nach Möglichkeit nur eine der vorgegebenen Formulierungen angekreuzt werden sollte. Die Versuchspersonen hatten also die Wahl, sich entweder nur global oder differenzierter bezüglich des Themas „Ehrlichkeit" zu äußern. Die differenzierteren Formulierungen konnten jedoch Aufschluss darüber geben, welche Gründe angeführt werden mögen, um unehrliche Angaben zu rechtfertigen. Auf diese Weise erhält man zwar lediglich qualitative Hinweise bezüglich der Existenz solcher Gründe; Quantifizierungen sind dabei wohl nicht aussagekräftig. Immerhin lassen aber solche differenzierteren Äußerungen erkennen, mit welchen Verfälschungsmöglichkeiten auch bei als anonym deklarierten Untersuchungen zu rechnen wäre. Gemäß der Instruktion zum „Meta-Fragebogen" sollte sowohl bezüglich der als fiktiv zu betrachtenden Themenbereiche als auch im Hinblick auf die direkten Erhebungen zur Ehrlichkeit von Anonymität ausgegangen werden.

Abbildung 1:   Erster „Meta-Fragebogen" (Ausschnitt)

Wenn in einem Fragebogen stehen würde:

Ich gehöre leider zu denen, die öfter in Wut geraten

☐ Stimmt   ☐ Stimmt nicht

Wie würden Sie dann ankreuzen ?

(soweit es geht, nur *eine* Antwort aussuchen und ankreuzen)

☐ eher ehrlich

☐ vielleicht ehrlich

☐ eher unehrlich

Abbildung 2:   Zusammenstellung der Hauptfragen (Freizeit, Aggressivität,
Sexualität) des ersten „Meta-Fragebogens"

Wenn in einem Fragbogen stehen würde:

Freizeit:
- In meiner Freizeit unternehme ich gerne etwas zusammen mit anderen
- Freizeitbeschäftigungen, bei denen ich mich entspannen kann, sind mir lieber als anstrengende Sportarten auszuüben
- In meiner Freizeit möchte ich vor allem Spaß haben, egal was es kostet

Aggressivität:
- Ich gehöre leider zu denen, die öfter in Wut geraten
- Wenn mir jemand Unrecht getan hat, wünsche ich ihm eine gesalzene Strafe
- Es gibt Leute, die mich so aufregten, dass ich – wenn es mir möglich gewesen wäre – am liebsten dreingeschlagen hätte
- Ganz im Geheimen habe ich manchmal ziemlich aggressive Phantasien

Sexualität:
- Manchmal habe ich das Gefühl, in sexueller Hinsicht ziemlich egoistisch zu sein
- Außergewöhnliches sexuelles Verhalten übt auf mich einen gewissen Reiz aus
- Von manchen meiner sexuellen Phantasien möchte ich niemand etwas erzählen
- Unsere Gesellschaft ist in sexuellen Dingen noch immer ziemlich unfrei

☐ Stimmt   ☐ Stimmt nicht

Wie würden Sie dann ankreuzen ?

(soweit es geht, nur *eine* Antwort aussuchen und ankreuzen)

3.2 Ergebnisse bei einer Gruppe Studierender

Der im Anhang A wiedergegebene „Meta-Fragebogen" wurde bei einer Einführungsvorlesung zur Differentiellen- und Persönlichkeits-Psychologie für Studienanfängerinnen und -anfänger verteilt, mit der Bitte um Rückgabe des sorgfältig ausgefüllten Exemplars. Diplomstudentinnen und -studenten der Psychologie bekamen ein Minimum an „Versuchspersonenstunden" für die spätere Meldung zum Vordiplom bescheinigt. Andere Studierende (im Wesentlichen mit dem Ziel Lehramt bzw. Diplom in Pädagogik) nahmen ohne jede Vergünstigung an der Untersuchung teil. Es wurden 89 Fragebögen zurückgegeben. Davon stammten 69 von Frauen, 19 der Teilnehmer waren männlichen Geschlechts; in einem Fall fehlte die entsprechende Angabe. Bei diesem ersten Versuch mit einem derart problematischen Fragebogen kam es auf die Zusammensetzung dieser Stichprobe im Hinblick auf soziodemographische Variablen nicht an. Jeder rechtzeitig abgegebene Fragebogen wurde ausgewertet. Instruktionswidriges Beantwortungsverhalten galt als Indiz für möglicherweise nicht realitätsentsprechende Angaben und fand in diesem Sinne Berücksichtigung.

So ist zunächst festzustellen, dass in wenigen Fällen eine oberflächliche, nicht sorgfältige Bearbeitung des Fragebogens durch instruktionswidriges Vorgehen deutlich wird. Dies darf als Hinweis auf möglicherweise unzuverlässige Angaben insgesamt gesehen werden. Dabei wurde bei jeder Versuchsperson eigens registriert, ob sich entsprechende Anhaltspunkte feststellen ließen. Dies betraf einmal das Ankreuzen von Beispielitems auf der Seite 2 des Fragebogens, obwohl dort ausdrücklich zu lesen ist, dies solle nicht geschehen. Auf Grund dieses Vermerks darf man annehmen, dass Studierende einer Hochschule im weiteren Verlauf der Beantwortungen in der Lage sind, die jeweils fiktiven Items als solche zu werten und bei diesen ebenfalls keine Kreuze zu setzen, zumal nirgendwo eine anders lautende Instruktion erfolgt und ausdrücklich der Konjunktiv gebraucht wird („würde" bzw. „würden"). Das heißt, auch eine Markierung an einer weiteren Stelle (auf den Seiten 3 bis 15) wo dies nicht vorkommen sollte, kann als Hinweis auf mögliche Unzuverlässigkeit gewertet werden. Zumindest sind Fragebögen, die solches enthalten, nur mit Vorbehalt zu verwerten. Es ist aber festzustellen, dass derartige Anhaltspunkte für geringe Sorgfalt nur bei 9 Fällen (ca. 10%) der rechtzeitig zum Untersuchungszeitpunkt abgegebenen Fragebögen vorkamen. Auf ehrliche bzw. wahrheitsgemäße Beantwortungen aller anderen Versuchspersonen lässt sich von daher natürlich keineswegs schließen.

Für sämtliche der fiktiven Statements und über alle Versuchspersonen haben wir die Häufigkeit einer jeden der vorgegebenen Antwortmöglichkeiten registriert. Zum ersten Item des Bereichs „Freizeit" („In meiner Freizeit unternehme ich....") wählten 92% der Untersuchungsteilnehmerinnen und -teilnehmer die Vorgabe „eher ehrlich", 6% kreuzten die Unsicherheit signalisierende Feststellung „vielleicht ehrlich" an. Nur sehr vereinzelt (insgesamt zwei Mal) wurden andere Möglichkeiten markiert. (Die hier und im Folgenden angegebenen Prozentzahlen sind auf- bzw. abgerundete Werte). Zum nächsten fiktiven Statement („Freizeitbeschäftigungen, bei denen...") kam die Antwort „eher ehrlich" bei

88% der Versuchspersonen vor, gegenüber 7%, die „vielleicht ehrlich" angekreuzt hatten. „Ohne mir viele Gedanken zu machen, einfach irgendetwas"
tauchte in 3 Fällen (ca. 3%) auf. Zu zwei weiteren Antwortmöglichkeiten fanden
wir jeweils eine Markierung. Beim dritten Item zum gleichen Bereich („In meiner Freizeit möchte ich..."') war ein heterogeneres Antwortverhalten zu erkennen:
„Eher ehrlich" kreuzten 75% der Teilnehmer an, für „vielleicht ehrlich" entschieden sich 15%; die (von oben gesehen) dritte („eher unehrlich"), sechste („es
würde mir Spaß machen, mir dabei irgend einen Blödsinn auszudenken..."),
neunte („weil ich dazu von mir aus wenig sagen könnte, würde ich mir überlegen, was wohl andere Menschen ankreuzen...") und zehnte („weil ich nicht so
richtig wüsste, was ich dazu sagen soll...") Antwortmöglichkeit fand je ein Mal
Zustimmung, die fünfte („ohne mir viele Gedanken zu machen...") und siebte
(„ich hätte keine Lust, mir den Kopf darüber zu zerbrechen...") immerhin jeweils
3 mal. Das bedeutet, dass bei diesem dritten, intimer formulierten Item des Frei-
zeitbereichs ein Viertel der Versuchspersonen nicht (unbedingt) ehrlich antworten mögen, in 10 Fällen (11%) hätte man es mit deutlichen Verfälschungen zu
tun – natürlich vorausgesetzt, es würde sich bei den entsprechenden Reaktionen
um „ehrliche" Geständnisse handeln.

Zum Bereich „Aggressivität" erbrachte das erste Item („Ich gehöre leider zu
denen...") folgende Prozentsätze: „eher ehrlich" 69%, „vielleicht ehrlich" 24%,
„eher unehrlich" 4%; weitere Antworten kamen insgesamt 4 Mal vor. Im Vergleich hierzu sank beim zweiten Aggressions-Statement („wenn mir jemand
Unrecht getan hat..." – Item aus einem gebräuchlichen Aggressionsfragebogen)
die Zustimmung bezüglich „eher ehrlich" auf 52%; „vielleicht ehrlich" kreuzten
38% an, als „eher unehrlich" bekannten sich sechs Personen (7%), davon drei
mit dem Zusatz „weil ich Angst hätte, dass vielleicht doch jemand herausbekommen könnte, was ich da angekreuzt habe" (vierte Antwortmöglichkeit). Letzteres verdient deshalb besondere Aufmerksamkeit, weil die Anonymität der Erhebung ausdrücklich zugesichert worden war. Drei weitere Antworten (5, 6 und
8) kamen 1 bis 2 Mal vor. Das dritte Aggressionsitem („Es gab Leute, die mich
so aufregten...") erbrachte folgende Prozentsätze: „eher ehrlich" 58%, „vielleicht
ehrlich" 20%, „eher unehrlich" insgesamt 12% (11 Personen), davon 5 Fälle mit
dem oben genannten Zusatz. Die zehnte Vorgabe („weil ich nicht so richtig
wüsste...") wurde 3 Mal angekreuzt. Vier weitere Antworten kamen zusammen 6
Mal vor. Beim vierten Item zum Bereich Aggressivität („Ganz im geheimen
habe ich...") ergaben sich folgende Werte: „eher ehrlich" 66%, „vielleicht ehrlich" 24%, „eher unehrlich" 7% (davon wiederum drei Personen mit dem oben
genannten Zusatz). Die restlichen Markierungen betrafen die Auswahlmöglichkeiten 6,7 und 8, jeweils in 1 bis 2 Fällen.

Was den Bereich Sexualität betrifft, so soll zunächst das Item („Unsere Gesellschaft ist in ...") angesprochen werden, weil sein Inhalt gerade bei Studierenden (zumal im Fach Psychologie) weitgehend Zustimmung erfährt. Daher ist es keineswegs überraschend, dass 80% der Teilnehmer dabei angaben, „eher ehrlich" zu antworten und 10% „vielleicht ehrlich" ankreuzten. Drei Antworten betreffen die siebte Möglichkeit („ich hätte keine Lust, mir darüber den Kopf zu zerbrechen...") und je eine bis zwei Markierungen entfallen auf die Vorgaben 5, 6, 9 und 10. Anders sieht es bei der Betrachtung des Items 1 („Manchmal habe ich das Gefühl...") zur Sexualität aus: 59% entfallen auf „eher ehrlich", 25% der Teilnehmer kreuzten „vielleicht ehrlich" an und insgesamt 10 Personen (11%) entschieden sich für „eher unehrlich", davon hatten drei Antworten den bereits erwähnten Zusatz („weil ich Angst hätte..."). Die Vorgaben 5, 6, 9 und 10 waren je 1 bis 2 Mal vertreten. Das Item 2 zum Bereich Sexualität („Außergewöhnliches sexuelles Verhalten...") erbrachte die folgenden Werte: 61% „eher ehrlich", 18% „vielleicht ehrlich", 17% „eher unehrlich" (darunter 10 mit dem genannten Zusatz); je 1 bis 2 Mal wurden die Antworten 6, 9 und 10 angekreuzt. Zum Item 3 (Sexualität) fanden wir bei 68% der Versuchspersonen die Vorgabe „eher ehrlich" markiert, 22% gaben an „vielleicht ehrlich" zu sein; in 5 Fällen (6%) war „eher unehrlich" mit dem genannten Zusatz zu konstatieren. Die Antwortmöglichkeiten 6 und 7 kamen je einmal vor.

Was den Fragebogen insgesamt betrifft so ließ sich feststellen, dass je nach Item der Anteil „eher ehrlicher" Selbstaussagen zwischen 52 und 92% lag. Dieser Prozentsatz wurde mit zunehmend „kritischem" bzw. intimem Inhalt geringer. Es ist offensichtlich, dass die angegebene Offenheit bei sehr persönlichen Frageinhalten abnimmt. Inwieweit dies auch die reale Ehrlichkeit betrifft, lässt sich natürlich nicht feststellen, geht es doch bei dem vorgegebenen Instrument auch nur um einen grundsätzlich verfälschbaren Fragebogen. So viel kann aber sicher gesagt werden: Mit wahrheitsgemäßen Auskünften über die eigene Person ist bei solchen Befragungen umso weniger zu rechnen, je ich-näher oder auch tabuisierter die angesprochenen Themen sind. Diese Tendenz zeigt sich hier bereits im Hinblick auf das Verhalten und Erleben bezüglich des relativ peripheren Bereiches Freizeit.

Es ist nicht uninteressant, sich anzusehen, wie die Versuchspersonen insgesamt, und zwar innerhalb der Bereiche Freizeit, Aggressivität und Sexualität, sowie über diese hinweg reagiert haben. Die angekreuzten Antwortmöglichkeiten 3 bis 9 lassen sicherlich Zweifel an der Ehrlichkeit bzw. Verwertbarkeit im Hinblick auf reales Verhalten und Erleben zu. Solche Bedenken sind wohl schon nicht von der Hand zu weisen, wenn wenigstens einmal eine dieser Vorgaben gewählt wurde. Für den Bereich Freizeit trifft dies bereits in 15 Fällen (17%) zu.

Die entsprechenden Häufigkeiten bezüglich Aggressivität und Sexualität belaufen sich in dieser Reihenfolge auf 32 (36%) bzw. 35 (39%).

48 Personen (54%) wiesen über den gesamten Fragebogen hinweg mindestens ein Kreuz bei den Antwortmöglichkeiten 3 bis 9 auf. Dabei sind, wohlgemerkt, die Unsicherheiten, welche mit der Wahl der Formulierung „vielleicht ehrlich" einhergehen mögen, noch nicht berücksichtigt. Werden nun noch diejenigen Teilnehmer hinzugenommen, die trotz ihrer Beschränkung auf die Möglichkeiten 1 und 2 („eher ehrlich" bzw. „vielleicht ehrlich") Anzeichen von geringer Sorgfalt erkennen ließen (siehe oben), so kommt man auf 53 (60%) Personen – mehr als die Hälfte – bei denen Bedenken bezüglich Ehrlichkeit bzw. Verwertbarkeit der Fragebogenbearbeitungen berechtigt erscheinen; konstant über den gesamten Fragebogen hinweg bezeichneten sich lediglich 17 (19%) als „eher ehrlich" antwortend. Natürlich kann auf Grund einer Metaperspektive gefragt werden, inwieweit auch die Angaben zur Ehrlichkeit/Unehrlichkeit ihrerseits wirklich ehrlich gemeint sind.

Das wirft aber umso mehr die Frage auf, ob ein Erhebungsbogen, vor allem soweit er nicht nur Belangloses enthält, überhaupt Informationen erbringen kann, die der Realität weitgehend entsprechen. Auch die Anonymität einer Befragung bietet – zumindest im Einzelfall – anscheinend nicht die Gewähr für wahrheitsgemäße Antworten, hatten doch vereinzelt Versuchspersonen dennoch die Befürchtung geäußert, es könne jemand herausbekommen, was sie angekreuzt haben (vgl. Antwortmöglichkeit 4). Es fällt nicht schwer, sich auszudenken, was unsere Befunde hinsichtlich der Verwendung schriftlicher (vielleicht auch mündlicher?) Erhebungsmethoden bei schwerwiegenden diagnostischen Fragestellungen – etwa der vorzeitigen Haftentlassung von Straftätern – bedeuten mögen. (An dieser Stelle ist nochmals in Erinnerung zu rufen, dass Items zur Erfassung der Tendenz, sich „sozial erwünscht" darzustellen, keine Gewähr für die Ausschaltung dieses problematischen Personenmerkmals bietet). Unsere Versuchspersonen waren schließlich „ganz normale" Studierende, bei denen man ein ernsthaftes Interesse an psycho-diagnostischen Fragen voraussetzen und davon ausgehen könnte, dass massiven Verfälschungen keine große Bedeutung zukommt, zumal bei zugesicherter Anonymität. Dennoch gaben bei einem Item eines Aggressionsfragebogens lediglich etwas mehr als die Hälfte der Teilnehmer unserer Untersuchung an, sie würden „eher (!) ehrlich" antworten.

3.3 Ein spezifischer „Meta-Fragebogen" zur Aggressivität bei Jugendlichen

Es hätte sicherlich nicht dieses Befundes bedurft, um zu vermuten, dass Erhebungen zur Aggressivität besonders anfällig für Verfälschungen sind. Unsere Ergebnisse ermutigten aber zusätzlich, dieses Problem spezifischer zu untersuchen. Daher entwickelten wir einen weiteren „Meta-Ehrlichkeitsfragebogen" speziell zum Bereich Aggressivität bei älteren Schülern (siehe Abbildung 3). Bekanntlich wird häufig über die Zunahme bzw. qualitative Veränderung (in negativer Hinsicht) aggressiven Verhaltens Jugendlicher geklagt. Auch dieser zweite Erhebungsbogen ist im Anhang B[10] beigefügt, die Fragen sind außerdem in Abbildung 4 zusammengefasst. Wenn man schon bei augenscheinlich „harmlosen" jungen Erwachsenen Befunde wie die unsrigen finden kann, so wäre zu vermuten, dass sich solche verstärkt bei der Untersuchung Jugendlicher zeigen.

Abbildung 3:   Zweiter „Meta-Fragebogen" (Ausschnitt)

Wenn da stehen würde:

„In den letzten 12 Monaten habe ich mindestens alle paar Monate anderen gewaltsam etwas weggenommen"

☐ Ja   ☐ Nein

Wie würdest du dann ankreuzen?

(soweit es geht, nur *eine* Antwort aussuchen und ankreuzen)

☐   eher ehrlich

☐   vielleicht ehrlich

☐   eher unehrlich

Das Deckblatt unseres Fragebogens für diese Altersgruppe (siehe Anhang B) enthält die Instruktion. Auf der zweiten Seite wird um Informationen zu Alter,

---

[10] Anhang B ist auf der Verlagshomepage (www.vs-verlag.de) als „Online-Plus" hinterlegt.

Geschlecht, Schulart bzw. beruflicher Tätigkeit gebeten. Sodann soll an Hand fünfstufiger Vorgaben von „sehr gern" bis „überhaupt nicht gern" angekreuzt werden, wie man grundsätzlich zum Beantworten von Fragebögen steht. Die folgende Seite verlangt genauere Angaben zum Verhalten und Erleben, jedoch nur falls zuvor „nicht besonders gern" oder „überhaupt nicht gern" gewählt wurde. Bei den vier der hierzu vorgegebenen Antwortmöglichkeiten bezeichnet nur die erste ein ehrliches Bemühen. Diese Seite kann bereits Hinweise auf ein nicht sorgfältiges Vorgehen erbringen, wenn nämlich trotz der aktuell nicht relevanten Angebote der vorigen Seite dennoch instruktionswidrig eine der vier Vorgaben angekreuzt wird. Das folgende Blatt (S. 5 der Vorlage im Anhang) bringt eindringliche Appelle, sich – an Hand von fünf abgestuften Wahlmöglichkeiten – zur Ehrlichkeit beim Fragebogenbeantworten zu äußern.

Außerdem erfolgt die Instruktion, sich zu den weiteren Seiten vorzustellen, man solle in einem Fragebogen zu den jeweils vorgegebenen Inhalten (siehe Abbildung 4) bezüglich der eigenen Ehrlichkeit bei einer entsprechenden (fiktiven) Beantwortung Stellung beziehen. Dabei ist auch im Hinblick auf diese vorgestellte Situation von einer anonymen Befragung auszugehen. Die folgenden fünf Seiten sind in gleicher Weise aufgebaut: Oben findet man: „wenn da stehen würde"; es kommt dann jeweils ein Statement, dazu zwei kleine Kästchen, neben denen „Ja" bzw. „Nein" steht; darunter – nach zwei Leerzeilen – ebenfalls in Fettdruck „wie würdest du dann ankreuzen?" Nach einem Absatz gibt es in Klammern den Hinweis, dass möglichst nur eine der folgenden Antwortmöglichkeiten anzukreuzen ist. Diese sind ähnlich gestaltet wie bei der Vorlage für die Studierenden, zum Teil in Angleichung an eine lockere Jugendsprache salopper und daher wohl allgemeinverständlicher formuliert. Wir hatten uns auch entschieden, gemäß dem Umgangsstil unter jungen Menschen, die Teilnehmer mit „du" anzusprechen (bewusst nicht mit dem Großbuchstaben D geschrieben, um weniger formell zu wirken). Die Seiten 6 bis 16 der Vorlage bieten die Möglichkeit, weitere Hinweise auf unüberlegtes Vorgehen bei der Bearbeitung herauszufinden. Zu Beginn des Fragebogens ist nämlich ausführlich darauf hingewiesen worden, dass immer zunächst einmal alle vorgegebenen Antwortmöglichkeiten genau angesehen werden sollen und erst dann zu überlegen ist, welche am besten passend erscheint. Es wäre somit instruktionswidrig, am Anfang der jeweiligen Seite vorschnell bei den Alternativen Ja/Nein anzukreuzen. Das wird in der Tat auch keineswegs gefordert; stattdessen folgt erst nach der Präsentation eines fiktiven Fragebogenitems die entscheidende Frage „Wie würdest du dann ankreuzen?" Die Formulierung im Konjunktiv verweist auf die Irrealitätsebene sensu Lewin; diese ist bereits generell auf der Seite 5 angesprochen worden („Stell dir vor...", „herausbekommen würde") und nochmals vor jeder Itempräsentation („wenn da stehen würde:"). Schließlich erfolgt vor der Auflistung der

Antwortmöglichkeiten noch der Hinweis, dass man sich bemühen solle, nur eine davon auszusuchen und anzukreuzen. Da vor jeder derselben ein Kästchen zum Ankreuzen steht, müsste bei reflektiertem Vorgehen klar sein, dass der eben genannte Hinweis keineswegs die auf der jeweiligen Seite oben vorgegebenen Alternativen (Ja/Nein) betreffen kann, diese vielmehr Teil des fiktiven Items sind, welches somit nur in der Vorstellung gegeben, aber nicht real im aktuell zu bearbeitenden Fragebogen zu beantworten sei. Es ist naheliegend, bei einer dem nicht entsprechenden Instruktionswidrigkeit an intellektuelle Voraussetzungen zu denken. Da von den teilnehmenden Jugendlichen Angaben zur Schulart vorliegen, kann im Vorgriff auf die Ergebnisse unserer Untersuchung aber bereits an dieser Stelle gesagt werden, dass eine solche Vermutung auf Grund der zur Verfügung stehenden Daten nicht gestützt werden kann. Ein grundsätzliches Problem bei der Vorgabe differenzierter Antwortmöglichkeiten wird bei der Darstellung der Untersuchungsergebnisse angesprochen.

Inhaltlich beziehen sich die angesprochenen fiktiven Items zunächst auf *aktive* Aggressionshandlungen (z.B. „In den letzten 12 Monaten habe ich mindestens alle paar Monate mich mit einem (einer) anderen geprügelt" – 5 Items), sodann geht es um ein *Erleiden* aggressiven Verhaltens, das durch andere zugefügt wurde (weitere 5 Items, z.B. „In den letzten 12 Monaten ist mir mindestens alle paar Monate passiert, dass mir von anderen gewaltsam etwas weggenommen worden ist"). Was den erstgenannten Inhaltsbereich betrifft, so wurden 11 Antwortmöglichkeiten vorgegeben (siehe Anhang). Die ersten drei lauten: „eher ehrlich", „vielleicht ehrlich", „eher unehrlich", die weiteren stellen differenziertere Begründungen für nicht realitätsgerechte Beantwortungen dar. Die fünfmalige Wiederholung dieser 11 Vorgaben könnte Sättigungsphänomene hervorrufen. Diese dürften allerdings nicht sehr stark ausfallen, gibt es doch in der Psychodiagnostik Beispiele für weitaus stereotypere Arrangements. Außerdem war es bei unserer Fragestellung nicht unbedingt von Nachteil, eine moderate Ausprägung motivationshemmender Reizbedingungen einzukalkulieren. Dennoch schien es angebracht, bei den passives Geschehen ansprechenden Items die Anzahl vorgegebener Antwortmöglichkeiten auf fünf zu reduzieren, zumal hier weniger mit Verfälschungstendenzen im Sinne sozialer Erwünschtheit bei Selbstaussagen zu rechnen wäre (siehe Anhang B). Unverändert wurden dabei die Vorgaben „eher ehrlich", „vielleicht ehrlich" und „eher unehrlich" an erster, zweiter und dritter Stelle übernommen. Die vorletzte Seite des Erhebungsinstruments enthält die Frage „Und wie findest du diesen Fragebogen", mit vier abgestuften Beantwortungsmöglichkeiten von „super" bis „blöd". Es folgt der Satz: „Du kannst hierzu auch noch etwas extra hinschreiben."

Abbildung 4:   Zusammenstellung der Hauptfragen (Täter-, Opfer-,
                   Beobachterteil) des zweiten „Meta-Fragebogens"

Wenn da stehen würde:

Täterteil:

- „In den letzten 12 Monaten habe ich mindestens alle paar Monate mich mit einem (einer) anderen geprügelt"
- „In den letzten 12 Monaten habe ich mindestens alle paar Monate anderen gewaltsam etwas weggenommen"
- „In den letzten 12 Monaten habe ich mindestens alle paar Monate mit anderen einen Jungen/ein Mädchen verprügelt"
- „In den letzten 12 Monaten habe ich mindestens alle paar Monate anderen aufgelauert, sie bedroht"
- „In den letzten 12 Monaten habe ich mindestens alle paar Monate eine Waffe mit in die Schule gebracht"

Opferteil:

- „In den letzten 12 Monaten ist mir mindestens alle paar Monate passiert, dass ich von einem (einer) anderen verprügelt worden bin"
- „In den letzten 12 Monaten ist mir mindestens alle paar Monate passiert, dass mir von anderen gewaltsam etwas weggenommen worden ist"
- „In den letzten 12 Monaten ist mir mindestens alle paar Monate passiert, dass ich von mehreren anderen Jungen/Mädchen verprügelt worden bin"
- „In den letzten 12 Monaten ist mir mindestens alle paar Monate passiert, dass mir andere aufgelauert, andere mich bedroht haben"

Beobachterteil:

- „In den letzten 12 Monaten habe ich mindestens alle paar Monate gemerkt, dass (ein) Schüler eine Waffe in der Schule dabei hatte(n)"
- „Hat deiner Meinung nach die Gewalt an Schulen in letzter Zeit zugenommen?"

Ja □   Nein □

Wie würdest du dann ankreuzen?

(soweit es geht, nur *eine* Antwort aussuchen und ankreuzen)

3.4 Erhebungen mit dem zweiten „Meta-Fragebogen"

Diesen Fragebogen ließen wir durch erwachsene Personen unseres Vertrauens 58 Jugendlichen im Alter von 12 bis maximal 21 Jahre in kleinen Gruppen vorlegen[11]. Es wurde darauf hingewiesen, dass bei Unklarheiten entsprechende Fragen erwünscht seien. Mit wenigen Ausnahmen handelte es sich dabei um Schülerinnen und Schüler, bei den höheren Altersstufen Berufsschülerinnen und -schüler. Die meisten Teilnehmer waren zwischen 12 und 16 Jahren alt; außer vier Siebzehnjährigen konnten noch ein 21-jähriger Jugendgruppenleiter sowie ein 20-jähriger Arbeitsloser für unsere Untersuchung gewonnen werden. Ein dreizehnjähriger Junge wurde in einem pädagogischen Förderzentrum betreut. In einem Fall fehlte die Altersangabe. Die Stichprobe setzte sich zusammen aus Teilnehmern einer Jugendfreizeit, einer konfessionellen sowie einer nichtkonfessionellen Jugendgruppe sowie einem Jugendtreff im Rahmen eines Angebotes der Arbeiterwohlfahrt. Mit Ausnahme der erstgenannten Teilstichprobe kamen alle aus einem ländlichen bzw. kleinstädtischen Milieu. Bei einer Gruppe von 22 Versuchspersonen wurde eine Fragebogenversion verwendet, die keine Angaben zur Schulart (wohl aber zur Klassenstufe) vorsah, ansonsten aber völlig mit der anderen Form übereinstimmte. Die meisten der Teilnehmer waren Hauptschülerinnen und Hauptschüler; insgesamt wurden 38 Jungen bzw. junge Männer untersucht, gegenüber 20 Mädchen bzw. jungen Frauen. Da es uns nicht darauf ankam Hinweise dafür zu finden, inwieweit klar definierte homogene Subgruppen wahrheitsgemäß Fragebogen bearbeiten, sondern vielmehr festzustellen, ob unser Instrument überhaupt geeignet sein könnte, eventuell Verfälschungstendenzen bei Befragungen aufzudecken, sahen wir kein erhebliches Problem darin, mit einer relativ heterogenen anfallenden Stichprobe junger Menschen zu arbeiten. Zu bestimmten Teilgruppen sind daher selbstverständlich keine generalisierbaren Aussagen möglich, wohl aber bezüglich der grundsätzlichen Brauchbarkeit dieses Erfassungsbogens im Hinblick auf mögliche Verfälschungen bei derartigen Erhebungen.

---

[11] Einen wesentlichen Teil der Erhebungen verdanken wir Herrn Dipl.-Psych. Dr. Thomas Biedermann.

Tabelle 1:   Antworten der Jugendlichen im zweiten "Meta-Fragebogen"; in
Prozentzahlen (gerundet)

Item (Stichwort)		„Eher ehrlich"	„viel- leicht ehrlich"	(eher) unehrlich insge- samt[12]	sonstiges	(eher) nicht wahrheits- gemäß insgesamt[13]
A1	(geprügelt, eine(r))	64	28	2	7	36
A2	(weggenommen)	74	20	5	0	26
A3	(geprügelt, mehrere)	88	12	0	0	12
A4	(bedroht)	84	7	7	2	16
A5	(Waffe)	89	7	2	3	11
P1	(verprügelt eine(r))	87	9	3	-	13
P2	(wegenommen)	93	7	0	-	7
P3	(verprügelt, mehrere)	85	13	2	-	15
P4	(Bedrohung)	89	9	2	-	11
P5	(Waffe)	91	9	0	-	9

Bereiche A und P: A = eigene aggressive Handlungen, P = erlittene aggressive Handlungen durch
Andere; Ziffern entsprechen der Reihenfolge der Vorgaben im Fragebogen

Die Tabelle 1 zeigt, dass die Ergebnisse bei den Jugendlichen auf den ersten
Blick anders ausgefallen sind, als wir vermutet hatten. Man findet hier keine
Tendenz zu anscheinend geringerer Ehrlichkeit mit zunehmend (gesellschaftli-
cher) Problematik der angesprochenen Inhalte, sondern vielmehr einen eher
gegensätzlichen Trend, jedenfalls was eigene aggressive Handlungen betrifft;
Prügeleien mit nur zwei Beteiligten scheinen weniger ehrlich behandelt zu werden als das Mitführen einer Waffe. Das Maximum eher nicht wahrheitsgemäßer
Aussagen liegt mit rund 36% deutlich niedriger als bei den Studierenden. Das
passive Erleben aggressiver Aktivitäten (Inhaltsbereich P) wird, wie es scheint,
keineswegs eher zugegeben als eigene Aggressionen (A). Man mag dabei an
Angst vor Bedrohungen durch die Peer-Group denken, falls jemand trotz Zusicherung der Anonymität herausbekommen könnte, was angekreuzt worden ist.
Aber die hierfür einschlägige Antwortmöglichkeit wurde kein einziges Mal gewählt, dagegen taucht – sehr selten – eine Tendenz zur Unehrlichkeit auf, weil
man „mal richtig zeigen möchte, was überhaupt so 'abgeht'" (je ein Mal bei P1,
P3 und P4, einmal A4 betreffend). Die differenzierten Angaben (4 bis 11) kamen
generell selten vor, überwiegend bei den männlichen Teilnehmern und im Bereich Aggressivität; am deutlichsten ist dieser nicht überraschende Geschlechter-

---

[12] (eher) unehrlich insgesamt: Antwortmöglichkeiten 3,4,5,7 (Ziffern entsprechend der Reihenfolge
der Vorgaben im Fragebogen) bei Teilbereich A; Antwortmöglichkeiten 3,4,5 bei Teilbereich P
[13] (eher) nicht wahrheitsgemäß insgesamt: alle Antworten außer „eher ehrlich"

unterschied bezüglich des Items A1 (Prügelei zwischen zwei Beteiligten – 20% der weiblichen Versuchspersonen gegenüber 45% der männlichen wählten hier eine andere Vorgabe als „eher ehrlich"). Ansonsten waren keine sehr bedeutsamen Geschlechterdifferenzen feststellbar.

Während also bei den Antworten zu den Items A und P auf den ersten Blick eine ausgeprägte Ehrlichkeit der Jugendlichen gegenüber den Studierenden zu vermuten wäre, zeigt eine genauere Analyse jedoch, dass den Ergebnissen der erstgenannten Stichprobe dennoch eine weitaus geringere Verlässlichkeit zukommt. Es ist oben auf Hinweise Bezug genommen worden, die eine unreflektierte, oberflächliche bzw. nicht wahrheitsgemäße Bearbeitung des Fragebogens naheliegend erscheinen lassen. Zu unserer Überraschung fehlte ein solcher Hinweis lediglich bei einer einzigen Versuchsperson! Nun mag vielleicht das fälschliche Ankreuzen von „Ja" oder „Nein" bei den *fiktiven* Items A und P weniger gravierend erscheinen, weil keine ausdrückliche Instruktion, dies nicht zu tun, vorhanden war. Es konnten aber dennoch in erheblicher Anzahl recht deutliche Anzeichen einer geringen Verlässlichkeit festgestellt werden. Dies gilt zunächst einmal für die Seite 3 des Fragebogens, wo unmissverständlich die Anweisung zu finden ist, hier nur etwas zu markieren, wenn zuvor „nicht besonders gern" oder „überhaupt nicht gern" angekreuzt worden war. Dem folgten 66% der Befragten nicht! Dabei ließen sich auch widersprüchliche Inhalte zur vorhergehenden Seite finden, wenn etwa trotz der Angabe, Fragebögen mindestens „im großen und ganzen schon gern" auszufüllen, auf der folgenden Seite angekreuzt wurde „gebe ich mir Mühe, trotzdem" (!) „alles genau so..."; solche Widersprüche traten immerhin in 19% der Fälle auf. Lediglich 20 Teilnehmer hatten sich auf der Seite 3 nicht instruktionswidrig verhalten (34%).

Nimmt man nun noch die Antworten auf der letzten Seite (S.17) des Fragebogens („Wie hast du diesen Fragebogen ausgefüllt?") hinzu und vergleicht die dort angekreuzten mit denen der Bereiche A und P, so ergeben sich weitere Inkonsistenzen. Die Frage auf Seite 17 wurde von vier Teilnehmern überhaupt unbeantwortet gelassen. Eine Gymnasiastin (?) setzte – wohl in provokanter Absicht – bei sämtlichen Kästchen des gesamten Fragebogens ein Kreuz. Ansonsten lässt sich im Hinblick auf die Bereiche A und P folgendes feststellen: Eine Schülerin und ein Schüler wählten auf der letzten Seite „teils-teils", dabei waren bei der einen Person im Vorhergehenden einmal „eher unehrlich..." und sechsmal „vielleicht ehrlich", im anderen Fall zwei Mal „vielleicht ehrlich" vermerkt; beide Versuchspersonen können somit nicht als durchweg ehrlich antwortend betrachtet werden. Dies gilt auch für zwei weitere Jugendliche, die sich für „ohne mir viele Gedanken zu machen" entschieden haben, obgleich der eine bei den Bereichen A und B durchweg „eher ehrlich" angekreuzt hatte. In einem anderen Fall war auf Seite 17 „unehrlich" markiert, obwohl bei den fiktiven Items lediglich ein Mal

„eher unehrlich" und drei Mal „vielleicht ehrlich" auftauchte. – Andere Inkonsistenzen sind festzustellen, wenn auf Seite 17 „ehrlich" angekreuzt war: Lässt man die Antwort „vielleicht ehrlich" als zu unklar außer acht (diese kam bei einem Schüler allerdings durchgehend vor), so findet man Folgendes: Abgesehen davon dass ein Junge alles, und ein weiterer nahezu sämtliche Items (mit einer Ausnahme: „...so ankreuzen, wie es ...vielleicht meine Freunde/Freundinnen tun könnten") unbeantwortet ließ, sowie drei andere Teilnehmer je einmal keine Beantwortung vornahmen, stellten wir bei vieren mindestens einmal die Antwort „eher unehrlich" fest (zwei Mal zusammen mit einer weiteren, die nicht als wahrheitsgetreu gelten konnte). Es bleiben noch drei Fälle, wo es sich einmal um die Antwortmöglichkeit 8 („ich hätte keine Lust.."), das andere Mal die Vorgabe 11 („weil ich nicht so richtig wüsste..") handelt, und schließlich gab noch ein Mädchen an, sie könnte sich nicht mehr genau erinnern (Antwortmöglichkeit 10); hierbei sind ebenfalls Zweifel an der Bereitschaft, wahrheitsgemäß zu antworten, angebracht. Während also 12 Versuchspersonen trotz der Angabe „ehrlich" auf der letzten Seite hierzu nicht passende Auffälligkeiten innerhalb des gesamten Fragebogens aufwiesen, ließen weitere 10 Jugendliche schon allein auf der Seite 17 klar erkennen, dass eine sorgfältige und/oder wahrheitsgemäße Bearbeitung keineswegs vorausgesetzt werden darf. Insgesamt betrachtet wären dies 38 % der Teilnehmer.

In zahlreichen Fällen waren Hinweise auf geringe Sorgfalt und zugleich keine realitätsgerechten Beantwortungen festzustellen. Wie bereits erwähnt, hatten sich etwa 66% der Jugendlichen auf der Seite 3 des Fragebogens („Wenn du eben 'nicht besonders gern' oder 'überhaupt nicht gern' angekreuzt hast...") nicht instruktionsgemäß verhalten. Unter den Versuchspersonen, die hierbei jedoch entsprechend der Anweisung vorgegangen waren, fanden wir aber nun 8 solche, die zu den eben erwähnten 38% gehören. Rechnet man jene zu diesen hinzu, so kommt man auf 46 (79%) der Teilnehmer, die ohne Sorgfalt und/oder nicht wahrheitsgemäß geantwortet hatten. Es ist gewiss berechtigt, die Frage zu stellen, wie unter solchen Bedingungen zustande gekommene Resultate von schriftlichen Erhebungen zu bewerten sein mögen.

Bisher nicht behandelt wurde das Item „Gewalt an Schulen" (S. 15 des Fragebogens). Von 55 Versuchspersonen, die hier überhaupt bzw. instruktionsgemäß geantwortet hatten, wählten 47 (81%) die erste Vorgabe („Ich würde ehrlich meine Meinung sagen"), 6 die zweite („Eigentlich könnte ich dazu gar nicht so viel sagen...") und 2 die dritte („...würde die Frage nicht beantworten"). Es bleibt noch, auf die Frage der Seite 16 („und wie findest du diesen Fragebogen?") einzugehen. Hierbei gab es die Antwortmöglichkeiten 1 („super"), 2 („ganz gut"), 3 („nicht besonders gut") und 4 („blöd"). 57 Teilnehmer kreuzten der Instruktion entsprechend an, und zwar 9 die erste, 20 die zweite, 19 die dritte und 9 die vierte, d.h. 28 (48%) Jugendliche äußerten sich negativ. Hiervon hatten 7 keine Anzeichen instruktionswidrigen Vorgehens und/oder nicht wahrheitsgemäßer Beantwortungen der fiktiven Items erkennen lassen, aber mit einer Ausnahme auf der letzten Seite angekreuzt, sie hätten den Fragebogen ehrlich ausgefüllt. 15 derer, die eine negative Bewertung abgaben, nahmen die Möglichkeit wahr, einen Kommentar zu der Erhebung abzugeben, nur in zwei Fällen gab es einen solchen bei einer (eher) positiven Beurteilung, wobei diese beiden Bemerkungen aber dennoch nicht vorbehaltlos günstig für das Instrument ausfielen („...aber etwas eintönig gestellte Fragen, trotzdem finde ich es wichtig, dass über dieses Thema gesprochen wird"; „Die Fragen wiederholen sich oft"). Zwei eher negativ urteilende Versuchspersonen gaben je einen freundlicheren und einen ambivalenten Kommentar ab („Es hat schon gepasst. Ich konnte wenigstens die Wahrheit sagen", was jedoch in einem gewissen Widerspruch zu 3 Antworten im Inhaltsbereich P steht, wobei jeweils „eher unehrlich, weil ich mal richtig zeigen möchte, was überhaupt 'so abgeht'" angekreuzt wurde; „Der Fragebogen ist eigentlich ganz gut aber auch nicht"). Die übrigen Bemerkungen werden hier wörtlich wiedergegeben: „scheiß", „Scheiße", „echt Scheiße", „doofe Fragen", „Es sind dumme Fragen", „Blöde Fragen!!", „voll die komplizierten Fragen", „zu viel zum Lesen", „das ist immer das selbe", „Des ist immer das gleiche", „wirklich ehrliche Antwort. Zu viele Auswahlmöglichkeiten; da die meisten Fragen selbes Schema haben wird man schnell unkonzentriert", „Er ist zu laaaaannnggg", „Mit solchen Fragen vergrault ihr die jungen Leute, weil ihr zu viele Antwortmöglichkeiten vorgebt. Ihr könnt damit nich herausfinden, wie die jungen Leute heutzutage 'drauf' sind. Ihr müsstet selber einer von den Jugendlichen sein, um das wissen, kapieren und akzeptieren zu können". Bei den hier komplett wiedergegebenen Kommentaren fällt auf, dass acht derselben die oben angesprochenen Sättigungsphänomene thematisieren (vgl. hierzu Plaum, 1991). Es ist anzunehmen, dass die Sättigungstoleranz im Laufe des vergangenen Jahrhunderts deutlich zurückgegangen ist (Plaum, 1985). Dies lässt die Frage aufkommen, inwieweit längere Erhebungsbögen, zumindest wenn sie Jugendlichen vorgelegt werden sollen, von deren Motivation her gesehen vielleicht generell problematisch erscheinen. Unser Fragebogen bestand lediglich aus 16 Items, wenn man von der relativ umfangreichen Vorgabe von Antwortmöglichkeiten einmal absieht. Je geringer diese aber sind – im Extremfall auf zwei Alternativen beschränkt – desto weniger lassen sich differenziertere Informationen gewinnen, und es könnte von daher auch wiederum eine oberflächliche, unreflektierte Beantwortung nahe liegen. Unabhängig von anderen grundsätzlichen Problemen bei der Bearbeitung von Fragebögen wird hier ein Dilemma deutlich, das schwer aufzulösen sein dürfte.

Weil nun fast alle (je nach Item zwischen 49 und 55 Versuchspersonen) bei den *fiktiven* Alternativen Ja/Nein – die Frage nach der Gewalt an Schulen betreffend waren es drei Vorgaben – angekreuzt hatten, konnten wir nun auch die „realen Antworten" („eher ehrlich" usw.) in Zusammenhang mit diesen nicht geforderten Markierungen sehen. Da sich die Teilnehmer durch das Setzen eines Kreuzes bereits für eine (nicht geforderte) (Alternativ-)Möglichkeit entschieden hatten, darf eigentlich auch die folgende Angabe „vielleicht ehrlich" bereits als fragwürdig im Sinne einer ehrlichen Stellungnahme gelten. Dies wurde bei den bisher dargestellten Auswertungsschritten jedoch nicht berücksichtigt, andernfalls hätten wir einen noch höheren Prozentsatz nicht verlässlicher Fragebögen erhalten. Im nun zu behandelnden Zusammenhang soll jedoch „vielleicht ehrlich" in diesem Sinne mit einbezogen werden. Hierauf beruht die Tabelle 2.

Tabelle 2: Antworten der Jugendlichen im zweiten "Meta-Fragebogen"; aufgeschlüsselt nach Ankreuzen bei Ja/Nein bzw. Zunahme/Abnahme/gleich bleibend; in absoluten Zahlen

Item (Stichwort)	„eher ehrlich"		Sonstige Möglichkeiten (nicht zweifelsfrei ehrlich)	
	Ja	Nein	Ja	Nein
A1 (geprügelt, eine(r))	4	30	8	13
A2 (weggenommen)	3	36	4	10
A3 (geprügelt, mehrere)	7	37	2	3
A4 (bedroht)	5	40	1	7
A5 (Waffe)	1	45	1	6
P1 (verprügelt eine(r))	3	43	3	4
P2 (wegenommen)	7	42	1	3
P3 (verprügelt, mehrere)	1	44	2	6
P4 (Bedrohung)	1	45	2	4
P5 (Waffe)	8	40	2	3
	Zunahme	Ab- nahme	gleich- bleibend	Zunahme	Ab- nahme	gleich- bleibend
Gewalt (Zu-/Abnahme)	13	23	10	2	3	3

Erläuterungen im Text

Man sieht in der Tabelle 2, dass eine sehr deutliche Mehrheit der Jugendlichen jeweils kundtat, weder aktiv noch passiv mit aggressiven bzw. potenziell bedrohlichen Handlungen konfrontiert worden zu sein, und in diesem Fall bei einer entsprechenden Befragung „eher ehrlich" zu antworten. Bemerkenswert sind dabei vielleicht die Antworten bezüglich der Verwicklung in eine Schlägerei (A3 bzw. P3): während 7 Jugendliche eine aktive Beteiligung („eher ehrlich") einräumen wollten, war es nur einer, der „eher ehrlich" angab, in der Opferrolle gewesen zu sein. (6 verneinten diese, aber bei zweifelhafter Ehrlichkeit). Dagegen meinten 8 Teilnehmer, das Mitführen einer Waffe bemerkt zu haben, während nur ein einziger („eher ehrlich") mitteilte, er sei selbst Träger einer solchen gewesen. Eine weitere Versuchsperson signalisierte, eine Waffe bei sich gehabt zu haben, wollte dies aber offenbar nicht unbedingt ehrlich eingestehen, während 6 Jugendliche verneinten, mit einer Waffe in der Schule gewesen zu sein, aber dann doch diesbezüglich die eigene Ehrlichkeit in Frage stellten. Letzteres ist auch bei 7 Teilnehmern der Fall, die angaben, sie hätten niemanden bedroht. 12 Versuchspersonen scheinen andere geprügelt zu haben, 8 derselben ließen dabei aber Zweifel an ihrer Ehrlichkeit erkennen. Schließlich fanden wir noch 8 Fälle, bei denen bezüglich der Gewalt an Schulen nicht von einer realitätsentsprechenden Äußerung auszugehen war; 23 Jugendliche meinten dagegen „eher ehrlich", dass die Gewalt dort zurückgegangen sei, 13 äußerten sich entsprechend gegenteilig und 10 gingen (ebenfalls „eher ehrlich") von keiner Veränderung aus. 4 gaben hierzu keine Antwort.

3.5 Die Resultate der beiden Voruntersuchungen als Ausgangspunkte für eine multimethodale Untersuchung an einer Hauptschule

Insgesamt schien es zunächst, als ob die Teilnehmerinnen und Teilnehmer unserer zweiten Pilot-Studie den Eindruck erweckt hatten, sie würden wahrheitsgemäßer bzw. ehrlicher als die Studierenden auf vorgegebene fiktive Items reagieren. Eine genauere Analyse der Daten lässt jedoch die Annahme zu, dass wegen oberflächlicher, unreflektierter, zum Teil gar in sich widersprüchlicher oder provokanter Bearbeitungen die Untersuchungsresultate im Hinblick auf realitätsentsprechende Offenheit bezüglich Aggressivität recht wertlos sind. Massive diesbezügliche Verfälschungen können vermutet werden. Das spricht zwar nicht gegen unsere allgemeinen Erwartungen auf Grund der Resultate bei den Studierenden, wir hatten jedoch eher mit einer Bestätigung bzw. Verstärkung der dort festgestellten Tendenzen gerechnet, nämlich ehrlicheres Eingeständnis von Unehrlichkeit bzw. nicht aussagekräftige Äußerungen, den Bereich aggressiven Verhaltens betreffend. Man kann aus dem Antwortverhalten der Jugendlichen schließen, dass diese Gruppe unserem Fragebogen im allgemeinen ziemlich desinteressiert begegnet ist, vielleicht mit der Motivation, die lästige Bearbeitung so schnell wie möglich „irgendwie" hinter sich zu bringen. Die Anonymität der Untersuchung mag dies gefördert haben, weil unter dieser Bedingung niemand über sein Verhalten Rechenschaft ablegen musste. Von daher wäre zu fragen, inwieweit anonyme Erhebungen nicht generell wenig motivierend sein können. Allerdings gibt es, wie einzelne Antworten bei den Studierenden zeigten, durchaus Zweifel an einer zugesicherten Anonymität, wie auch immer diese zu verstehen sein mögen. Es ist nicht auszuschließen, dass neben dem Phänomen Sättigung die „Meta"-Konzeption des Fragebogens demotivierend wirkte, weil sie in zweifacher Hinsicht die Vorstellungskraft in Anspruch nimmt, zum einen, weil, wie bei jeder Befragung, die Irrealitätsebene angesprochen wird, und zum anderen wegen des fiktiven Charakters der vorgegebenen Items, auf die nicht als solche reagiert werden soll, sondern lediglich Überlegungen bezüglich möglicher Ehrlichkeit bzw. wahrheitsgemäßer Beantwortung gefordert sind. Dies würde aber auch bedeuten, dass an Fragebogenbearbeitungen generell keine hohen kognitiven Anforderungen zu stellen wären (vgl. hierzu Lösel, 1999). Das Thema Ehrlichkeit bzw. wahrheitsgemäße Äußerungen betrifft zudem intime Tendenzen, die von vorneherein Widerstände wecken könnten, und zwar speziell auch im Hinblick auf den Umgang mit Fragebögen. Bei unseren Untersuchungen erwarteten die Teilnehmer zunächst eine der zahlreichen Befragungen, mit denen man heute gelegentlich konfrontiert wird. Hierzu bestehen wohl Voreinstellungen, die sich unter anderem auf das Verhalten bei der Vorgabe solcher Instrumente beziehen und die man im Allgemeinen nicht bekannt gibt. Die unerwartete Konfrontation mit dem Ansinnen, genau diese Einstellungen kund zu tun, mag nun Widerstände wecken, die zu bereits vorhandenen Abneigungen hinzukommen. Dies könnte sodann im Vergleich mit üblichen Fragebogenerhebungen zu noch deutlicheren entsprechenden Reaktionen führen, was wiederum vor dem Hintergrund „Anonymität" umso leichter möglich sein dürfte. Das durch den Versuch, Ehrlichkeit direkt zu erfragen, entstehende methodische Dilemma ist wohl kaum zu vermeiden. Es stellt sich vermutlich als besonders gravierend dar, wenn nicht nur der Fragebogen als anonym deklariert wird, sondern auch die Person, welche die Erhebung leitet, unbekannt ist oder gar mehr oder weniger negative Emotionen bei den Teilnehmern hervorruft. Dagegen wäre zu erwarten, dass Versuchspersonen eher zu ehrlichen Auskünften bereit sind, wenn sie, außer der Zusicherung von Anonymität, Untersuchungsleiter vorfinden, die als vertrauenerweckend eingeschätzt werden (hierzu Gatzemann, 2000).

Unsere bisherigen Ergebnisse zeigen jedoch immerhin, dass es lohnend sein dürfte, methodenkritische Fragen bei „anonymen" Erhebungen stärker als bisher zu reflektieren. Um in dieser Hinsicht ein wenig mehr Klarheit zu gewinnen, vor allem bezüglich aggressiven Verhaltens bei Schülern, versuchten wir eben dieses unter Einsatz eines weiteren „Meta-Fragebogens" etwas zu erhellen, entsprechend dem Hauptanliegen dieser Arbeit. Auf Grund unseres methodischen Vorgehens gewinnt diese jedoch an Bedeutung, und zwar prinzipieller Art: Die hier vorgestellte Untersuchung lässt generell die Frage aufkommen, inwieweit deren Befunde im Hinblick auf jegliche „anonyme" schriftliche Erhebung relevant sein mögen. So ergibt sich als weitere, sekundäre Thematik der Ausblick auf die alte Problematik der Verfälschbarkeit diagnostischer Selbstaussagen. Da dem Erstautor die Problematik der Gewalt an Schulen auf Grund eigener Praxistätigkeit geläufig ist und er von daher bei Schülerinnen und Schülern einer Hauptschule als Vertrauensperson galt, lag es nahe, dort, neben der Anwendung des Fragebogens und einer einführenden Gruppendiskussion, in Einzelfällen ausführliche Interviews zum Thema Aggressivität im schulischen Umfeld durchzuführen. Damit würde, wenn auch nur in kleinem Rahmen, dem Prinzip eines multimethodalen Vorgehens (Biedermann, 2007) entsprochen, wobei eine qualitative Methodik im Vordergrund stünde. Dies ermöglicht gegebenenfalls eine Relativierung monomethodaler Erhebungen mittels Fragebogenverfahren.

Die vorliegende Arbeit will also in erster Linie den wenigen einschlägigen soziologischen Publikationen eine genuin psychologische Veröffentlichung einer Schulbefragung zum Thema Gewalt hinsichtlich eventueller Fehlerquellen zur Seite stellen. Diese Untersuchung kann als explorative Klein-N-Studie bezeichnet werden, die Züge einer Einzelfallarbeit trägt (vgl. Plaum, 1992). Ihr Ziel ist es nicht, möglichst viele Pbn mit einzubeziehen und weitgehend generalisierbare, globale Verhaltensweisen (etwa Antwortverhalten bei Schulbefragungen im Allgemeinen) zu erheben. Vielmehr geht es darum, das Verhalten und Erleben bestimmter Personen (in diesem Fall der Schülerinnen und Schüler zweier Hauptschulklassen) in einer konkreten Situation (schriftliche Befragung zum Thema Gewalt an Schulen im Klassenrahmen) möglichst genau zu untersuchen. Dieses Vorgehen orientiert sich am Lewin'schen Ansatz der Einheit von Person und Situation („Person in der Situation") (siehe Hall & Lindzey, 1998; Plaum, 2002).

Methodisch handelt es sich dabei um eine Kombination quantifizierender Schulbefragung mit Ansätzen qualitativer Sozialforschung. Es wird darauf verzichtet, die Letztere grundlegend und ausführlich zu beschreiben: inzwischen liegen hierzu nicht wenige Publikationen vor (etwa Diekmann, 2002; Flick et al., 2000; Garz & Kraimer, 1991; Hopf & Weingarten, 1993; Kleining, 1995; Kromrey, 2002; Mayring, 1990; Spöhring, 1995). Die weiteren Ausführungen der vorliegenden Arbeit lassen die Bezüge zu den Richtlinien qualitativer Sozialforschung erkennen; vor allem im Zusammenhang mit der Darstellung konkreter methodischer Vorgehensweisen dürfte Grundsätzliches auch ohne sehr detaillierte Kenntnisse der einschlägigen Literatur deutlich werden. Als Beispiel für die Umsetzung relevanter Prinzipien in der Forschungspraxis wäre etwa die Hallenser Biographiestudie zur Jugendgewalt (Meyer, 2001) zu nennen. Derartige Studien zur Gewalt an Schulen sind sehr selten (Klewin, Tillmann & Weingart, 2002, S.1098).

Bei Meyer (2001) wird darauf hingewiesen – und durch Zitate von Pbn belegt –, dass die Herstellung einer persönlichen Vertrauensbeziehung zum Untersucher als Voraussetzung für die Gewinnung valider Informationen gelten kann, vor allem wenn es um sozial unerwünschtes Verhalten und Erleben geht. Das bedeutet, dass der Anonymität bei Befragungen zumindest eine gewisse Ambivalenz zukommen dürfte. Der Erstautor der vorliegenden Arbeit darf auf Grund seiner sozialarbeiterischen Tätigkeit im Milieu der herangezogenen Informanten als Vertrauensperson betrachtet werden. Er war den Pbn bekannt und konnte daher bei den durchgeführten Explorationen (siehe unten) bisweilen einige Konfrontationen riskieren; solches war den Informanten, auch was seine Person betrifft, geläufig, ohne dass sie Anlass hatten, am grundsätzlichen Wohlwollen des Interviewers zu zweifeln.

Da diesem durch die Vertrautheit mit dem Milieu und den dort lebenden Jugendlichen bereits wichtige Vorinformationen zur Verfügung standen, fließen Elemente einer teilnehmenden Beobachtung in die Vorbereitung der Untersuchung mit ein. Zusätzlich konnten zu den interviewten Pbn Fremdeinschätzungen eingeholt werden. Der durch die Schülerinnen und Schüler zu bearbeitende (Meta-)Fragebogen (siehe unten) wurde zwar einerseits auf die übliche Art einer „anonymen" Schulbefragung vorgegeben, aber erstens zeichnete sich diese durch einen ungewöhnlichen, motivationsfördernden Inhalt aus und zweitens konnte der Untersucher, als vertraute „Lehrperson" fungierend, durch ein strukturiertes Vorgehen mögliche Bearbeitungsfehler minimieren. Drittens schließlich regte der Untersucher nach der ersten Einführung des Fragebogens bzw. der Beispielitems eine Gruppendiskussion an, um die einzunehmende Metaperspektive verständlich zu machen, aber auch zur Gewinnung erster Resultate, soweit sie bei dieser Aussprache zu erheben waren. Auf diese Weise vorbereitet, wurde der Fragebogen in der Klasse (d.h. der vertrauten Umgebung), mit begleitenden Anleitungen des Untersuchers, bearbeitet. Diese Version stellt eine Modifikation üblicher Fragebogenerhebungen dar. Hierdurch konnten oberflächliche Bearbeitungen wie beim zweiten „Meta-Fragebogen" vermieden werden (siehe 3.4). Die Einzelinterviews bei ausgewählten Schülerinnen und Schülern folgen wiederum den Grundsätzen qualitativer Sozialforschung, wenn auch unter den spezifischen Bedingungen der Thematisierung der vorausgehenden Fragebogenbearbeitung sowie der Vertrautheit mit dem Interviewer. Im Folgenden werden die Einzelheiten des methodischen Vorgehens dargelegt. Sämtliche Erhebungen wurden vom Erstautor durchgeführt.

Im ersten Teil der Untersuchung fand also eine Gruppenbefragung in zwei Schulklassen statt. Die Pbn sollten angeben, wie sie in einer – durch eine ausführliche Situationsvorgabe genau definierten Befragungssituation – auf bestimmte Fragen zum Thema Gewalt antworten würden. Es wurde sowohl das

Antwortverhalten bei Fragen nach beobachteter Gewalt als auch solchen bezüglich selbst erfahrener bzw. selbst ausgeübter Gewalt untersucht. Dazu kam ein Befragungsbogen mit geschlossenen Antwortalternativen zum Einsatz.[14] Außerdem fanden in den Klassen kurze Gruppendiskussionen statt.

Wie zuvor erwähnt erlaubt es bereits dieser methodische Ansatz im Sinne einer der sekundären Perspektiven der vorliegenden Arbeit, die Frage der Brauchbarkeit von Fragebogenverfahren als isolierte Untersuchungsmethode generell zu stellen, und zwar unabhängig von konkreten Inhalten.

Dies umso mehr, als im zweiten Teil der Untersuchung Einzelinterviews mit Schülerinnen und Schülern der beiden Klassen durchgeführt wurden. Bei diesen teilstandardisierten Interviews ohne Antwortvorgaben wurden die Ergebnisse der Gruppenbefragung einer genaueren Untersuchung unterzogen. Diese offene Interviewform ermöglichte es den Pbn, ihre subjektiven Begründungen für ihr Antwortverhalten im Kontext der spezifischen Befragungssituation darzulegen und auch nicht antizipierte Gesichtspunkte zur Sprache zu bringen. Die Auswertung der Interviews erfolgte mittels einer qualitativen Inhaltsanalyse (Mayring, 1990, 2000, 2003).

---

[14] Hier und im Folgenden ist von Befragungsbogen (und nicht von Fragebogen) die Rede, um zu betonen, dass das verwendete Instrument keineswegs isoliert im Sinne eines selbsterklärenden Fragebogens (mit schriftlicher Instruktion) zu betrachten ist, sondern als Teil eines Gesamtkonzeptes einer Gruppenbefragung mit ausführlicher Einleitung und mündlicher Instruktion (siehe 3.1). Durch diese Bezeichnung ist auch eine Unterscheidung von den beiden „Meta-Fragebögen" der Voruntersuchung möglich.

4 Die Hauptuntersuchung an Schülerinnen und Schülern

Diese Untersuchung wurde in zwei neunten Klassen einer Hauptschule durchgeführt. Die beiden Schulklassen bestanden insgesamt aus 46 Schülern, 17 davon weiblich, 29 männlich. Das Durchschnittsalter betrug 15;8 Jahre. Die Hälfte der Schülerinnen und Schüler besaß die deutsche Staatsbürgerschaft, was in etwa dem Verhältnis an der gesamten Schule entspricht (siehe Tabelle 3).[15] Der schulische Alltag der beiden Klassen war zum Zeitpunkt der Untersuchung im Wesentlichen durch die Vorbereitung auf die Abschlussprüfungen geprägt. Ein Wechsel von der Schule ins Arbeitsleben stand für die meisten unmittelbar bevor. Dementsprechend war die Frage der Berufswahl bzw. Berufsausbildung (oder eventuell weiterführender schulischer Ausbildung) für viele Schüler ein sehr wichtiges Thema.

Die Hauptschule liegt in einem Stadtbezirk einer westdeutschen Großstadt, der als sogenannter sozialer Brennpunkt gilt. Der Anteil der nichtdeutschen Bevölkerung entspricht etwa dem gesamtstädtischen Durchschnitt, der Anteil von Kindern und Jugendlichen ist überdurchschnittlich hoch. Aus den soziodemographischen Daten wie Armutsdichte, Bezug von Arbeitslosen- und Wohngeld sowie der Interventionshäufigkeit öffentlicher Fürsorgeträger kann der Schluss gezogen werden, dass im betreffenden Stadtbezirk im Verhältnis zur Gesamtstadt überdurchschnittlich viele Kinder und Jugendliche unter sehr ungünstigen sozialen Rahmenbedingungen leben.[16]

---

[15] Die angegebenen Daten beziehen sich auf die kompletten Klassen laut Klassenlisten, nicht auf die realisierte Stichprobe der zum Befragungszeitpunkt anwesenden Schüler (siehe 4.2.1).

[16] Die offiziellen Quellen, auf denen diese kurze Charakterisierung der Schulklassen und des Stadtbezirks beruht, sind aus Gründen der Anonymisierung nicht angegeben.

Tabelle 3:   Alter, Geschlecht, Staatsangehörigkeit der zwei Schulklassen
gesamt; Angaben absolut und in Prozent (n= 46)

		absolut	Prozent
Alter	14 Jahre	6	13.0
	15 Jahre	26	56.5
	16 Jahre	12	26.1
	17 Jahre	2	4.3
	gesamt	46	99.9
Geschlecht	weiblich	17	36.9
	männlich	29	63.0
	gesamt	46	99.9
Staatsangehörigkeit	deutsch	23	50.0
	türkisch	11	23.9
	jugoslawisch	4	8.7
	kroatisch	2	4.3
	bosnisch	2	4.3
	sonstige	4	8.7
	gesamt	46	99.9

(Durchschnittsalter: 15;8)

4.1 Konzept und Durchführung

Für die Gruppenbefragung wurde ein „Meta-Fragebogen", ähnlich dem zweiten
der oben genannten, verwendet.[17] In der (schriftlichen) Instruktion dieses Fragebogens werden die Pbn somit ebenfalls aufgefordert, sich vorzustellen, sie näh-
men an einer anonymen schriftlichen Befragung teil. Den Teilnehmern wird
anschließend eine Zusammenstellung von Fragen zum Thema Gewalt an Schulen
präsentiert. Die Aufgabe der Pbn besteht darin, anzugeben, wie ehrlich sie diese
Items bei einer Befragung beantworten würden. Die zweite Voruntersuchung mit
Jugendlichen ließ zwei Probleme erkennen. Erstens nutzten die meisten Pbn nur
die ersten drei Antworten (eher ehrlich, vielleicht ehrlich, eher unehrlich), die
übrigen, in denen Aussagen zu den Ursachen für ihr Antwortverhalten gemacht
werden konnten, fanden weit weniger Verwendung. Zweitens konnte auf Grund
von instruktionswidrigem Antwortverhalten darauf geschlossen werden, dass
einige Pbn die Instruktion entweder nicht vollständig gelesen oder nicht verstanden hatten. Daher wurde aus dem zweiten „Meta-Fragebogen" der in der Hauptuntersuchung angewandte „Befragungsbogen" konzipiert, in Form einer Erhe-

---

[17] An der Entwicklung war Herr Dipl.-Psych. Dr. Thomas Biedermann beteiligt.

bung im Klassenverband mit ausführlicher mündlicher Instruktion (unterstützt durch visuelle Vorlagen) und stark strukturiertem Ablauf (siehe unten) unter Verwendung dieses modifizierten Befragungsbogens, um den genannten Problemen zu begegnen. Die zentrale Idee bestand jedoch ebenfalls darin, die Pbn unter Vorgabe einer fiktiven Situation beurteilen zu lassen, wie ehrlich sie bestimmte Fragen in Fragebögen beantworten würden.

4.1.1 Vorüberlegungen zum Befragungsdesign

Diese Art der Untersuchung stellt im mehrerlei Hinsicht hohe Anforderungen an die Pbn. Sie sollen angeben, wie sie sich in einer bestimmten, aber eben nur vorgestellten Situation verhalten würden (Irrealitätsebene nach Lewin). Dazu müssen sie sich in eine fiktive Situation (Befragung zum Thema Gewalt an Schulen) eindenken und über einen längeren Zeitraum konzentriert mitarbeiten, wobei sie aus zahlreichen Antwortalternativen auswählen sollen. Damit ergaben sich im Wesentlichen folgende Forderungen an das Untersuchungsdesign:

- Eine Instruktion, die sicherstellt, dass die Pbn die Aufgabe verstehen und sich leicht in die fiktive Situation eindenken können (Situationsvorgabe).
- Eine starke Strukturierung der Befragung, die sicherstellt, dass erst geantwortet wird, nachdem alle Antwortalternativen zur Kenntnis genommen wurden (Strukturierung).
- Motivation der Pbn, um die Bereitschaft zur disziplinierten Mitarbeit in diesem stark strukturierten Verfahren zu erreichen (Motivation).
- Abwechslungsreiche Gestaltung der Befragung, die den Pbn ermöglicht, die Aufmerksamkeit über den geforderten Zeitraum aufrecht zu erhalten (Gestaltung).

Die Situationsvorgabe sowie die Durchführung müssen sicherstellen, dass die Befragung einen ausreichenden Bezug zum Lebensraum (nach Lewin) der Pbn herstellt bzw. für diese eine ausreichende ökologische Validität aufweist (Plaum, 2002). Nach Petermann & Petermann (2000) müssen bei der Gestaltung eines situationsspezifischen Tests folgende 12 Merkmale beachtet werden:[18]

- Die geschilderten Situationen müssen einem Kind bekannt sein, da nur Vertrautes, also erfahrungsgemäß Verankertes für ein Kind zugänglich ist und von ihm nacherlebt werden kann.

---

[18] Petermann führt diese Punkte zwar speziell in Zusammenhang mit einem von ihm entwickelten Verfahren zur Aggressionsdiagnostik aus, dennoch können die Punkte auch Hinweise zur Bewertung des hier angewandten Verfahrens geben.

- Eine Situation muss hinsichtlich sozialer (=Personen bzw. Verhalten) und nicht-sozialer Objekte (=physikalische Umwelt) strukturiert sein und
- einen überschaubaren, aber anforderungsmäßig der Altersstufe entsprechenden Komplexitätsgrad aufweisen.
- Eine Situation muss konkret ausgestaltet werden.
- Es ist zu fordern, dass die Situationsinhalte wie die Reaktionen präzise formuliert sind,
- Eindeutigkeit aufweisen und
- sich durch gute Verständlichkeit auszeichnen und dadurch die Situationsbeschreibungen gut nachvollziehbar sind.
- Eine kontextgebundene Darstellung der Handlungen ist notwendig (Beschreibung von Auslösern und Hintergründen).
- Kalkulierte Nebensächlichkeiten gestalten die Inhalte alltagsnah und fördern die Aufmerksamkeit des Kindes während der Befragung.
- Die Situationen sind dynamisch zu gestalten, das heißt der Handlungsablauf sowie verbale und nonverbale Reaktionen im weitesten Sinne müssen erkennbar sein.
- Die Situationsinhalte müssen subjektiv für ein Kind bedeutsam sein, was als Vorbedingung für konsistente Antworten betrachtet wird.
- Jede Situation muss einen spezifischen Anforderungscharakter besitzen, um bei einem Kind das Gefühl des Betroffenseins zu bewirken. [...]

(Petermann & Petermann, 2000, S. 71-72)

4.1.2 Umsetzung bei der Durchführung

4.1.2.1 Situationsvorgabe

Um schrittweise an das Thema Befragungen heranzuführen, wurden den Pbn zunächst auf dem Tageslichtprojektor verschiedene Fragebögen präsentiert und besprochen. Zunächst zwei Fragebögen aus Jugendzeitungen, dann ein Fragebogen zur Berufsberatung und ein Fragebogen einer Stadtteilbefragung zur Situation Jugendlicher[19]. Insbesondere die Beispielfragebögen aus den Jugendzeitungen erfüllten eine Art Eisbrecherfunktion, bevor zu ernsteren Inhalten übergeleitet wurde. Danach wurden drei Beispielitems aus dem Befragungsbogen der Untersuchung aufgelegt (Originalitems, die später noch zu bearbeiten waren; jeweils eines aus dem Beobachter-, dem Opfer- und dem Täterteil, 4.1.1.5). Anhand dieser Bei-

---

[19] Hierzu wurde im Vorfeld recherchiert, welche Fragebögen möglichst vielen Pbn bekannt sein könnten. Die Fragebögen wurden aus zwei aktuellen Jugendzeitungen, die im Schülertreff der Schule auslagen, aus Unterlagen zur Berufsberatung der achten Klassen und einer an der Schule durchgeführten Befragung zum Freizeitverhalten Jugendlicher entnommen.

spielitems wurde eine Diskussion in den Klassen geführt, in der die Pbn Gründe nannten, warum sie bei solchen Fragen eventuell nicht die Wahrheit sagen würden. Anschließend wurden alle Antwortmöglichkeiten des Befragungsbogens eingeführt und sorgfältig erklärt, wobei jederzeit Gelegenheit zur Nachfrage bestand.

Die Instruktion zur fiktiven Situation lautete dahingehend, dass sich die Pbn vorstellen sollten, dass ihre Lehrerin *hier und jetzt* einen Fragebogen verteilen würde. Wie bei solchen Befragungen üblich, würde sie den Pbn zusichern, dass der Fragbogen anonym sei und bitten, ihn sorgfältig und ehrlich auszufüllen. Des Weiteren würde sie erklären, dass der Fragebogen von Wissenschaftlern, die Untersuchungen zum Thema Gewalt an Schulen durchführen, stamme. Anschließend präsentierte der Untersucher den Pbn die einzelnen Fragen des fiktiven Gewaltfragebogens und sie sollten jeweils in dem Befragungsbogen angeben, wie ehrlich sie diese in der geschilderten Situation beantworten würden. Ein entscheidender Vorteil der Untersuchung besteht in der Tatsache, dass durch die Befragung in der Gruppe (im Klassenverband) im realen Setting (im eigenen Klassenzimmer) der Kontext der Befragung mit dem der fiktiven Situation weitgehend identisch ist. Somit können alle Forderungen nach konkreter Ausgestaltung der Situation hinsichtlich sozialer und nicht-sozialer Objekte, kalkulierter Nebensächlichkeiten und ähnlichem als erfüllt betrachtet werden: die sozialen Objekte (mit Ausnahme der Anwesenheit eines fiktiven Interviewers) sowie die physikalische Umwelt (Klassenzimmer) der Befragungssituation entsprechen der zu imaginierenden Situation. Auch die geforderte Verständlichkeit und Eindeutigkeit kann durch die ausführliche mündliche Instruktion mit der Möglichkeit für die Pbn, jederzeit nachzufragen, als gesichert gelten. Die einzelnen Fragen des *fiktiven* Fragebogens sind jeweils, deutlich optisch abgehoben und mit den Antwortalternativen Ja und Nein versehen, im Befragungsbogen abgebildet. Somit ist auch dieser Situationsinhalt konkret ausgestaltet und besitzt spezifischen Anforderungscharakter für die Pbn (siehe Abbildung 5).

4.1.2.2   Strukturierung

Das Ausfüllen des Befragungsbogens war stark strukturiert: Die einzelnen Fragen wurden jeweils erst nach Vorlesen sämtlicher Antwortalternativen beantwortet, das Umblättern zur nächsten Seite erfolgte gemeinsam auf Anweisung des Versuchsleiters. Dieser verdeutlichte den Pbn, dass der gesamte Ablauf durch schnelles Beantworten nicht verkürzt werden konnte. Durch dieses Vorgehen sollte sichergestellt werden, dass sämtliche Antwortalternativen vor der Bearbeitung zur Kenntnis genommen und auf jede einzelne Frage ausreichend Bearbeitungszeit verwendet wurde. Für die Bearbeitung wurde kein Zeitlimit vorgegeben, der Versuchleiter versicherte sich durch Nachfragen, dass alle Pbn mit der Bearbeitung der jeweiligen Frage fertig waren.

4.1.2.3 Motivation

Der reale Interviewer ist – wie bereits erwähnt – mit genau dieser Zielgruppe jugendlicher Hauptschüler durch seine berufliche Tätigkeit sehr gut bekannt und in der Lage, vertrauensvolle Kontakte zu ihr herzustellen. Er legte besonderen Wert darauf, den Pbn den Zweck der Befragung offen in einer für sie leicht verständlichen und nachvollziehbaren Form zu erklären und sie so zur Mitarbeit zu motivieren. („Viele Jugendliche beschweren sich darüber, dass sich die Erwachsenen überhaupt nicht für ihre Meinung interessieren. Mir ist aber sehr wichtig, was Jugendliche denken. Um das herauszufinden, muss ich aber wissen, was ihr überhaupt von Fragebögen haltet und wie ihr so mit ihnen umgeht.") Vor der Befragung wurde angekündigt, dass eine Auslosung von Interviewpartnern für den zweiten Teil der Untersuchung (Einzelinterviews) stattfinden wird, wobei jeder Teilnehmer eines Interviews als Anerkennung für seine Mitarbeit einen Kinogutschein erhalte. Es wurde aber auch betont, dass an der Verlosung nur teilnehmen könne, wer konzentriert mitarbeitet und sich beim Ausfüllen des Befragungsbogens an die Regeln hält (gemeinsam auf Anweisung umblättern; erst antworten, nachdem die Frage vorgelesen und besprochen wurde). Dankenswerterweise hielten sich alle beteiligten Schülerinnen und Schülern daran und beteiligten sich engagiert und diszipliniert. Zusätzlich stellte der Untersucher jedem Pbn ein kleines „Dankeschön" in Form eines Schokoriegels in Aussicht.

4.1.2.4 Gestaltung

Zur Einleitung erschien es wichtig, die Pbn durch Vorlesen lassen der Beispielfragebögen, Erfragen ihrer Meinung dazu und Initiieren einer kurzen Diskussion zum Thema aktiv mit einzubeziehen. Beim Ausfüllen des Befragungsbogen wurde die jeweils zu bearbeitende Seite zusätzlich auf dem Tageslichtprojektor präsentiert sowie (abwechselnd durch verschiedene Schüler und den Versuchsleiter) vorgelesen. Insgesamt kamen optisch ansprechende Materialien zum Einsatz (farbige Folien für den Tageslichtprojektor, Design des Befragungsbogens).

4.1.2.5 Befragungsbogen

Das Grundkonzept (und der Hauptteil) des Befragungsbogens besteht darin, den Pbn eine Zusammenstellung von Fragen aus Gewaltfragebögen zu präsentieren. Anschließend sollen die Pbn angeben, wie ehrlich bzw. unehrlich sie diese bei einer Befragung im Klassenrahmen beantworten würden. Diese Situation wird den Pbn durch die Instruktion genau vorgegeben (situationsspezifischer Teil). Zusätzlich werden allgemeine Fragen zur Einstellung zu Fragebögen und Antwortverhalten sowie Alter und Geschlecht gestellt (allgemeiner Teil).

Der **allgemeine Teil** enthält neben den Angaben zu Alter und Geschlecht drei Fragen mit geschlossenen Antwortvorgaben, bei denen die Pbn angeben sollen, wie gern bzw. ungern sie Fragen beantworten und Fragebögen ausfüllen, wie ehrlich sie dabei im Allgemeinen antworten und schließlich wie ehrlich sie diesen Befragungsbogen ausgefüllt haben. Auf der letzten Seite erhalten die Pbn die Möglichkeit, in offener Form einen Kommentar zur Befragung abzugeben.

Im **situationsspezifischen Teil** ist jeweils unter der Überschrift „Wenn in einem Fragebogen stehen würde:" eine Frage zum Thema Gewalt wiedergegeben. Diese Frage stellt einen Teil der Situationsvorgabe dar. Um dies zu verdeutlichen und einen gewissen Anforderungscharakter zu erreichen, ist die Frage optisch deutlich abgehoben in Form eines Kastens präsentiert und mit Antwortalternativen versehen (quasi als Ausschnitt aus dem fiktiven Fragebogen der Situationsvorgabe). Dann folgt die Frage „Wie würdest du dann ankreuzen: (soweit es geht, nur eine Antwort aussuchen und ankreuzen)", welche die Pbn anhand von geschlossenen 11 Antwortalternativen beantworten sollen (siehe Abbildung 5).

Abbildung 5: Befragungsbogen (Ausschnitt)

Wenn in einem Fragebogen stehen würde:

In den letzten 12 Monaten habe ich mindestens alle paar Monate gesehen, dass sich zwei Schüler / zwei Schülerinnen geprügelt haben.

Ja ■   Nein ■

Wie würdest du dann ankreuzen:
(soweit es geht, nur eine Antwort aussuchen und ankreuzen)

☐ eher ehrlich

☐ vielleicht ehrlich

☐ eher unehrlich

Abbildung 6: Zusammenstellung der Fragen (Beobachter-, Opfer-, Täterteil) des Befragungsbogens

---

Wenn in einem Fragebogen stehen würde:

Beobachterteil:
B1: In den letzten 12 Monaten habe ich mindestens alle paar Monate gesehen, dass sich zwei Schüler/zwei Schülerinnen geprügelt haben.
B2: In den letzten 12 Monaten habe ich mindestens alle paar Monate gesehen, dass jemand einem/einer anderen gewaltsam etwas weggenommen hat.
B3: In den letzten 12 Monaten habe ich mindestens alle paar Monate gesehen, dass mehrere zusammen einen Jungen/ein Mädchen verprügelt haben.
B4: In den letzten 12 Monaten habe ich mindestens alle paar Monate gesehen, dass jemand eine Waffe mit in die Schule gebracht hat.

Opferteil:
P1: In den letzten 12 Monaten ist mir mindestens alle paar Monate passiert, dass ich von einem (einer) anderen verprügelt worden bin.
P2: In den letzten 12 Monaten ist mir mindestens alle paar Monate passiert, dass mir von anderen gewaltsam etwas weggenommen worden ist.
P3: In den letzten 12 Monaten ist mir mindestens alle paar Monate passiert, dass ich von mehreren anderen Jungen/Mädchen verprügelt worden bin.
P4: In den letzten 12 Monaten ist mir mindestens alle paar Monate passiert, dass mir andere aufgelauert, andere mich bedroht haben.

Täterteil:
G1: In den letzten 12 Monaten habe ich mindestens alle paar Monate mich mit einem (einer) anderen geprügelt.
G2: In den letzten 12 Monaten habe ich mindestens alle paar Monate anderen gewaltsam etwas weggenommen.
G3: In den letzten 12 Monaten habe ich mindestens alle paar Monate zusammen mit anderen einen Jungen/ein Mädchen verprügelt.
G4: In den letzten 12 Monaten habe ich mindestens alle paar Monate eine Waffe mit in die Schule gebracht.

Ja ■   Nein ■

Wie würdest du dann ankreuzen:
(soweit es geht, nur eine Antwort aussuchen und ankreuzen)

Dieser Teil enthält 13 Fragen nach oben geschildertem Muster. Vier davon beziehen sich darauf, ob man bestimmte Sachverhalte beobachtet hat (Beobachterteil), vier darauf, ob dem Schüler bestimmte Sachverhalte passiert sind (Opferteil) und vier darauf, ob man bestimmte Sachverhalte getan hat (Täterteil) (siehe Abbildung 6). Eine zusätzliche Frage bezieht sich auf eine Einschätzung, ob die Gewalt an Schulen abgenommen, zugenommen oder gleichgeblieben ist. Im Anhang ist der komplette Befragungsbogen wiedergegeben (vgl. Anhang C).

Die Antwortalternativen für die Fragen des Beobachter-, des Opfer- und des Täterteils lauten jeweils:

- eher ehrlich
- vielleicht ehrlich
- eher unehrlich
- eher unehrlich, weil ich Angst hätte, dass vielleicht doch jemand herausbekommen könnte, was ich da angekreuzt habe
- eher unehrlich, weil ich solche Sachen zwar nicht selber gesehen habe, ich sie aber von anderen gehört habe und zeigen will, was so abgeht (im Beobachterteil) bzw.
eher unehrlich, weil mir solche Sachen zwar nicht passiert sind, ich sie aber bei anderen gesehen habe und zeigen will, was so abgeht (im Opferteil) bzw.
eher unehrlich, weil ich solche Sachen zwar nicht gemacht habe, ich sie aber bei anderen gesehen habe und zeigen will, was so abgeht (im Täterteil)
- ohne mir viel Gedanken zu machen, einfach irgend etwas
- es würde mir Spaß machen, mir dabei irgend einen Blödsinn auszudenken („Verarschung": z.B. absichtlich Falsches ankreuzen)
- ich könnte mich nicht mehr genau erinnern und würde trotzdem irgend etwas ankreuzen
- weil ich dazu von mir aus wenig sagen könnte, würde ich mir überlegen, was wohl andere Jungen/Mädchen oder Freunde/Freundinnen ankreuzen und das dann ankreuzen
- ich würde so antworten, dass unsere Schule besser dasteht, als sie in Wirklichkeit ist, weil ich nicht will, dass sie einen schlechten Ruf bekommt
- ich würde so antworten, dass unsere Schule schlechter dasteht, als sie in Wirklichkeit ist, weil ich es cool finde, wenn sie einen schlechten Ruf hat („krasse Schule").

Die drei ersten Antwortmöglichkeiten enthalten keine Begründungen. Was diese globalen Feststellungen „eher ehrlich" und „vielleicht ehrlich" betrifft, so erschien es uns sinnvoll, den Pbn zunächst keine entsprechenden Erläuterungen anzubieten, weil Ehrlichkeit bei anonymen Fragebogenerhebungen generell erwartet wird und daher lediglich Unehrlichkeit bzw. nicht instruktionsgemäße Bearbeitung als Abweichung von der vorausgesetzten Kooperationsbereitschaft und Offenheit einer besonderen Begründung bedürfte. Deshalb boten wir als Antwortmöglichkeit an, lediglich „Unehrlichkeit" zuzugeben, denn es war nicht ohne Weiteres von der Bereitschaft auszugehen, eine derartige erwartungswidrige Auseinandersetzung mit Fragebögen auch noch eigens inhaltlich zu begründen. Nun legte es der Aufbau der Untersuchung aber durchaus nahe, auf Grund der metaperspektivischen Betrachtung sich „ehrlich" zur Unehrlichkeit zu bekennen, weshalb es uns geraten schien, denjenigen, die darüber hinaus bereit waren, ihr nicht erwartungsgemäßes Vorgehen beim Beantworten von Fragebögen näher zu erläutern, hierzu Gelegenheit zu geben. Damit konnten wir nicht nur Informationen zu denkbaren Gründen gewinnen, sondern es war auch möglich, abzuschätzen, inwieweit solche überhaupt angegeben werden. Die Frage, ob unserem Fragebogen eine suggestive Wirkung in Richtung einer *Vortäuschung* von Unehrlichkeit zuzuschreiben wäre – etwa um dem Untersucher ein Schnippchen zu schlagen – lässt sich durchaus stellen. Es ist aber zweifellos davon auszugehen, dass eine nur vorgetäuschte Unehrlichkeit wiederum auf einer solchen beruht; somit hätte man in einem derartigen Fall zwar eine Verfälschung sozusagen auf einer höheren Ebene erfasst, aber derselben ungeachtet letzten Endes eben doch eine, wenn auch ungewöhnliche Vorgehensweise, bei Fragebögen in unehrlicher Weise zu antworten. Auf jegliche Tendenz zur Unehrlichkeit kam es uns jedoch an, auch wenn die Gründe hiervon unbekannt bleiben mussten. Im Übrigen spricht nicht nur wegen der sozialen Unerwünschtheit falscher Aussagen, sondern auch in Anbetracht des Aufbaus der Untersuchung kaum etwas dafür, dass unsere Pbn nun ausgerechnet auf unehrliche Weise Unehrlichkeit angegeben hätten.

Es ist vielmehr im Gegenteil, auch im Hinblick auf die vorliegende Arbeit, keineswegs von vornherein in jedem Fall von einem ehrlichen Bekennen eigener Unehrlichkeit auszugehen. So gesehen könnten die hier dargestellten Untersuchungsresultate allenfalls zu einer Mindesteinschätzung von Verfälschungstendenzen bei der angewandten Art von Fragebögen führen. Eben dies ist bei der Entwicklung unserer „Meta-Fragebögen" bewusst mit einkalkuliert worden. Bereits die nicht völlig eindeutigen Formulierungen *eher* ehrlich bzw. unehrlich sollten den Pbn – wie bereits erwähnt – angesichts der heiklen Thematik des „Meta-Fragebogens" keine harschen absoluten Statements abverlangen und ihnen somit im Sinne der Aufrechterhaltung des eigenen (idealen oder realen) Selbstbildes eine Mentalreservation in der einen oder anderen Richtung ermöglichen. Dies bedeutet aber, dass mit der Feststellung „eher ehrlich" oder „eher unehrlich" tatsächlich nur Tendenzen gemeint sein können. Auch von daher empfiehlt es sich, die Häufigkeiten dieser beiden Antworten in unserer Probandengruppe zunächst einmal nur als jeweilige Mindesteinschätzungen für Ehrlichkeit bzw. Unehrlichkeit anzusehen. Allerdings dürfte die Alternative „*eher* unehrlich", vor allem aus Gründen der sozialen Unerwünschtheit, der Realität durchaus nahe kommen. Die Antwortmöglichkeit „vielleicht ehrlich" signalisiert aber bereits erhebliche Zweifel an der eigenen Ehrlichkeit; wenn eine entsprechende Unsicherheit geringer wäre, könnte man wohl auch „*eher* ehrlich" ankreuzen. Derartige Zweifel, wenn sie denn zugegeben werden, rechtfertigen jedoch bereits die Unterstellung einer vorhandenen Neigung zur Unehrlichkeit, wobei die Bereitschaft fehlen mag, dies (sich selbst und anderen) vorbehaltlos einzugestehen (Für solche Pbn ist die Feststellung „vielleicht ehrlich" gedacht). Daher, aber schon auf Grund der Unschärfe der Feststellung „eher ehrlich", ist es angebracht, die Antwortmöglichkeiten „vielleicht ehrlich" und „eher unehrlich" – sowohl mit einer Begründung als auch ohne eine solche – als Tendenz zu unehrlicher Beantwortung zusammenzufassen. Dieser Sammelkategorie kann man noch solche Äußerungen hinzurechnen, die sich *ganz eindeutig* auf Unwahrheiten beziehen, nämlich „irgend einen Blödsinn auszudenken" oder die Schule besser oder schlechter darzustellen, als sie tatsächlich ist. Die beiden unerwähnt gebliebenen Antwortmöglichkeiten (ungenaues Erinnern, Orientierung an Mitschülern) beinhalten zwar Verfälschungstendenzen, sind aber nicht direkt – als bewusste und gezielte – Unehrlichkeiten zu werten. Somit wären zwar alle Feststellungen außer „eher ehrlich" als *verfälschend* anzusehen, eine Sammelkategorie „Tendenz zur Unehrlichkeit" könnte jedoch nur diejenigen umfassen, die eindeutig Unehrlichkeit thematisieren bzw. sich auf Unwahres beziehen, wie soeben angegeben.

Die genauen Formulierungen der anderen Fragen sowie deren Antwortalternativen sind an dieser Stelle nicht wiedergegeben, da sie für die Auswertung nicht primär relevant sind. Der vollständige Befragungsbogen ist im Anhang C beigefügt.

4.2 Ergebnisse der Gruppenbefragung

4.2.1 Stichprobe

Die Ergebnisse beziehen sich jeweils auf die gesamte Stichprobe (n=36) der zum Befragungszeitpunkt anwesenden Schüler der beiden Schulklassen.[20] Dies waren

---

[20] Die Untersuchung wurde zwar den Klassen gegenüber von den Lehrkräften angekündigt, dabei ist jedoch nicht auf Inhalte eingegangen worden. Abgesehen von den 2 Schulstunden, in denen die Befragung durchgeführt wurde, fand an den Untersuchungstagen regulärer Unterricht statt. Von daher wäre nicht davon auszugehen, dass die Abwesenheit dieser Schüler in Zusammenhang mit der Befragung stünde. Vielmehr muss an dieser Schule in dieser Jahrgangsstufe auch mit einem gewissen Anteil unerlaubter Abwesenheit („Schulschwänzen") gerechnet werden.

Pbn im Alter von 14 bis 16 Jahren aus zwei Hauptschulklassen, davon 14 weiblich und 22 männlich[21]. Das Durchschnittsalter betrug 15;1 Jahre. Es wurden keine Pbn aus der Auswertung ausgeschlossen (siehe Tabelle 4).

Tabelle 4:   Alter und Geschlecht der Stichprobe Gruppenbefragung von Schülern, Angaben absolut und in Prozent (n=36)

		absolut	Prozent
Alter	14 Jahre	5	13.9
	15 Jahre	22	61.1
	16 Jahre	9	25.0
	gesamt	36	100.0
Geschlecht	weiblich	14	38.9
	männlich	22	61.1
	gesamt	36	100.0

(Durchschnittsalter: 15;1)

4.2.2 Ergebnisse zur Gruppendiskussion

Ursprünglich sollte die kurze Diskussion im Klassenrahmen lediglich dazu dienen, als Teil der Instruktion die Antwortalternativen der Gruppenbefragung einzuführen und zu erläutern. Da jedoch von den Schülerinnen und Schülern jeweils spontan Gründe genannt wurden, weshalb sie eventuell nicht ganz ehrlich antworten würden, die nicht in den Antwortalternativen enthalten bzw. zum Teil deutlich spezifischer waren, seien sie hier erwähnt. Auskunft darüber, in welcher Klasse jeweils welche Gründe Erwähnung fanden, gibt Tabelle 5.

In der Gruppendiskussion wurden also in den beiden Klassen folgende Gründe dafür genannt, weshalb bei Fragen zum Thema Gewalt eventuell nicht ganz ehrlich geantwortet wird:

- Man will nicht, dass sich der Ruf der Schule verschlechtert, weil man Nachteile bei einer Bewerbung fürchtet.
- Ergebnisse über die Gewalt an der Schule könnten zu mehr Überwachung durch Lehrer und Polizei führen.
- Es ist unangenehm, an Situationen zu denken, in denen man Opfer war.
- Man fühlt sich wie eine „Petze", wenn man etwas ankreuzt, was andere getan haben.

---

[21] Somit handelte es sich nicht um eine Massenerhebung. In Anbetracht der weitgehend qualitativen Ausrichtung der gesamten Untersuchung muss dies kein Nachteil sein (siehe die nachfolgenden Interviews).

Diese Gründe wurden unter der Bezeichnung „Gründe Gruppendiskussion/Ruf der Schule", „Gründe Gruppendiskussion/Überwachung", „Gründe Gruppendiskussion/Opfer" und „Gründe Gruppendiskussion/Petze" zur genaueren Untersuchung in den Interviewleitfaden für die Einzelinterviews übernommen.

Tabelle 5:   Gründe Gruppendiskussion

Gründe Gruppendiskussion	Nennung in:	
Man will nicht, dass sich der Ruf der Schule verschlechtert, weil man Nachteile bei einer Bewerbung fürchtet.	Klasse A	Klasse B
Man fühlt sich wie eine Petze, wenn man etwas ankreuzt, was andere getan haben.	Klasse A	
Ergebnisse über die Gewalt an der Schule könnten zu mehr Überwachung durch Lehrer und Polizei führen.		Klasse B
Es ist unangenehm, an Situationen zu denken, in denen man Opfer war.		Klasse B

4.2.3   Ergebnisse zum Befragungsbogen

Die vorgestellte Auswertung behandelt die Fragen aus dem Beobachter-, dem Opfer- und dem Täterteil.

4.2.3.1   Beobachterteil

Dieser Teil enthält die Fragen B1, B2, B3 und B4, bei denen die Pbn angeben sollen, wie ehrlich sie auf Fragen, ob sie bestimmte Sachverhalte beobachtet haben oder nicht, antworten würden.[22]

Bei **Frage B1** (...beobachtet: Prügelei eins gegen eins) gaben 13 Pbn an, eher ehrlich, 12 Pbn vielleicht ehrlich, und 1 Proband eher unehrlich zu antworten. Zehn Pbn äußerten sich, so zu antworten, dass ihre Schule besser dasteht, als sie in Wirklichkeit ist, weil sie nicht wollen, dass sie einen schlechten Ruf bekommt (siehe Tabelle 6).[23] Eine Tendenz zur Unehrlichkeit (Zusammenfassung der Kategorien „vielleicht ehrlich" und „eher unehrlich" – mit oder ohne Begründung –

---

[22] Aus Gründen der Übersichtlichkeit sind die jeweiligen Fragen lediglich durch ihre Nummerierung, gefolgt von einer Kurzfassung, in Klammern angegeben. Die genauen Frageformulierungen sind Abbildung 6 und dem Anhang zu entnehmen.

[23] Diese hohe Zahl von 10 Pbn stellt vermutlich einen Effekt der unmittelbar vorausgegangen Gruppendiskussion dar, in der diese Verfälschungstendenz von den Schülern genannt und diskutiert wurde (vgl. 3.2.2. Ergebnisse Gruppendiskussion).

einschließlich der Neigung Unwahres anzugeben) ergibt sich somit bei 23 Pbn (63,9 %).

Tabelle 6:   Gruppenbefragung Frage B1, absolut und Prozent

(...beobachtet: Prügelei eins gegen eins)	absolut	Prozent
eher ehrlich	13	36.1
vielleicht ehrlich	12	33.3
eher unehrlich	1	2.8
ich würde so antworten, dass unsere Schule besser dasteht, als sie in Wirklichkeit ist, weil ich nicht will, dass sie einen schlechten Ruf bekommt	10	27.8
gesamt	36	100.0

Bei **Frage B2** (...beobachtet: gewaltsame Wegnahme) gaben 22 Pbn an, eher ehrlich, 8 Pbn vielleicht ehrlich und 2 Pbn eher unehrlich zu antworten. Drei Pbn merkten an, eher unehrlich zu antworten, weil sie solches zwar nicht selber gesehen haben, dies aber von anderen gehört haben und nun zeigen wollen, was „so abgeht". Ein Proband meinte, von sich aus wenig dazu sagen zu können und deswegen zu überlegen, was wohl andere Jungen/Mädchen oder Freunde/Freundinnen ankreuzen und das dann anzukreuzen (siehe Tabelle 7). Verfälschungen sind daher bei 14 Pbn (38,9 %)[24] anzunehmen, eine Tendenz zur Unehrlichkeit bei 13 Pbn (36,1 %).

Tabelle 7:   Gruppenbefragung Frage B2, absolut und Prozent

(...beobachtet: gewaltsame Wegnahme)	absolut	Prozent
eher ehrlich	22	61.1
vielleicht ehrlich	8	22.2
eher unehrlich	2	5.6
eher unehrlich, weil ich solche Sachen zwar nicht selber gesehen habe, ich sie aber von anderen gehört habe und zeigen will, was so abgeht	3	8.3
weil ich von mir aus wenig sagen könnte, würde ich mir überlegen, was wohl andere Jungen/Mädchen oder Freunde/ Freundinnen ankreuzen und das dann ankreuzen	1	2.8
gesamt	36	100.0

---

[24] einschließlich der Antwort „weil ich von mir aus wenig sagen könnte..."

Bei **Frage B3** (...beobachtet: Prügelei mehrere gegen einen) gaben 12 Pbn an, eher ehrlich, 17 Pbn vielleicht ehrlich und 2 Pbn eher unehrlich zu antworten. Zwei Pbn äußerten, eher unehrlich zu antworten, weil sie Angst hätten, dass doch jemand herausbekommen könnte, was sie da angekreuzt haben. Ein Proband tat kund, eher unehrlich zu antworten, weil er solche Sachen zwar nicht selber gesehen, sie aber von anderen gehört hat und zeigen will, was so abgeht. Ein weiterer Proband gab an, er könne sich nicht mehr genau erinnern und wolle trotzdem irgendetwas ankreuzen, ein weiterer würde so antworten, dass seine Schule besser dasteht, als sie in Wirklichkeit ist, weil er nicht will, dass sie einen schlechten Ruf bekommt (siehe Tabelle 8). Eine Tendenz zur Unehrlichkeit ist somit bei 23 Schülern (63,9 %) gegeben, Verfälschungen wären in 24 Fällen[25] (66,7 %) anzunehmen.

Tabelle 8: Gruppenbefragung Frage B3, absolut und Prozent

(...beobachtet: Prügelei mehrere gegen einen)	absolut	Prozent
eher ehrlich	12	33.3
vielleicht ehrlich	17	47.2
eher unehrlich	2	5.6
eher unehrlich, weil ich Angst hätte, dass vielleicht doch jemand herausbekommen könnte, was ich da angekreuzt habe	2	5.6
eher unehrlich, weil ich solche Sachen zwar nicht selber gesehen habe, ich sie aber von anderen gehört habe und zeigen will, was so abgeht	1	2.8
ich könnte mich nicht mehr genau erinnern und würde trotzdem irgend etwas ankreuzen	1	2.8
ich würde so antworten, dass unsere Schule besser dasteht, als sie in Wirklichkeit ist, weil ich nicht will, dass sie einen schlechten Ruf bekommt	1	2.8
gesamt	36	100.0

Bei **Frage B4** (...beobachtet: Waffe mit in die Schule gebracht) gaben 8 Pbn an, eher ehrlich, 12 vielleicht ehrlich und 11 eher unehrlich zu antworten. Ein Proband vermerkte, eher unehrlich zu antworten, weil er Angst hätte, dass vielleicht doch jemand herausbekommen könnte, was er da angekreuzt hat, einer gab an, eher unehrlich zu antworten, weil er solche Sachen zwar nicht selber gesehen

---

[25] einschließlich der Antwort „ich könnte mich nicht mehr genau erinnern..."

hat, sie aber von anderen gehört hat und zeigen will, was so abgeht. Ein weiterer Proband tat kund, er könnte sich nicht mehr genau erinnern und würde trotzdem irgendetwas ankreuzen, ein anderer würde so antworten, dass seine Schule besser dasteht, als sie in Wirklichkeit ist, weil er nicht will, dass sie einen schlechten Ruf bekommt (siehe Tabelle 9). Verfälschend würden somit 28 Schüler (77,7 %) reagieren, eine Tendenz zur Unehrlichkeit wäre bei 27 Pbn (75,0 %) gegeben.

Tabelle 9: Gruppenbefragung Frage B4, absolut und Prozent

(...beobachtet: Waffe mit in die Schule gebracht)	absolut	Prozent
eher ehrlich	8	22.2
vielleicht ehrlich	12	33.3
eher unehrlich	11	30.6
eher unehrlich, weil ich Angst hätte, dass vielleicht doch jemand herausbekommen könnte, was ich da angekreuzt habe	1	2.8
eher unehrlich, weil ich solche Sachen zwar nicht selber gesehen habe, ich sie aber von anderen gehört habe und zeigen will, was so abgeht	2	5.6
ich könnte mich nicht mehr genau erinnern und würde trotzdem irgend etwas ankreuzen	1	2.8
ich würde so antworten, dass unsere Schule besser dasteht, als sie in Wirklichkeit ist, weil ich nicht will, dass sie einen schlechten Ruf bekommt	1	2.8
gesamt	36	100.1

Beobachterteil gesamt:
Insgesamt wurde im Beobachterteil 55-mal (38.2 %) die Antwort eher ehrlich gegeben (siehe Tabelle 10). Somit wurde lediglich bezüglich des Items B2 von mehr als der Hälfte aller Pbn „eher ehrlich" angegeben, das Item B4 betreffend waren es nur weniger als ein Viertel. Der Anteil dieser Antwort betrug bei insgesamt 144 Befragungsbogenmarkierungen im Beobachterteil etwas mehr als ein Drittel; 61,8 Prozent verweisen auf Verfälschungstendenzen.

Tabelle 10: Gruppenbefragung Beobachterteil gesamt, absolut und Prozent

	B1	B2	B3	B4	gesamt
eher ehrlich	13	22	12	8	55
	(36.1)	(61.1)	(33.3)	(22.2)	(38.2)
vielleicht ehrlich	12	8	17	12	49
	(33.3)	(22.2)	(47.2)	(33.3)	(34.0)
eher unehrlich/außer-	11	6	7	16	40
dem verfälschend[26]	(30.6)	(16.7)	(19.4)	(44.4)	(27.8)
gesamt	36	36	36	36	144
	(100.0)	(100.0)	(99.9)	(99.9)	(100.0)

(Prozentwerte in Klammern)

4.2.3.2 Opferteil:

Dieser Teil enthält die Fragen P1, P2, P3 und P4, bei denen die Pbn angeben sollten, wie ehrlich sie auf Fragen, ob ihnen bestimmte Sachverhalte passiert sind oder nicht, antworten würden.

Bei **Frage P1** (...passiert: von einem verprügelt) gaben 18 Pbn an, eher ehrlich, 8 vielleicht ehrlich und weitere 8 eher unehrlich zu antworten. Zwei Pbn merkten an, eher unehrlich zu antworten, weil ihnen solche Sachen zwar nicht passiert sind, sie dies aber bei anderen gesehen haben und zeigen wollen, was so

---

[26] Unter der Sammelkategorie „eher unehrlich + außerdem verfälschend" sind alle Antwortmöglichkeiten außer „eher ehrlich" und „vielleicht ehrlich" zusammengefasst, also:
- eher unehrlich
- eher unehrlich, weil ich Angst hätte, dass vielleicht doch jemand herausbekommen könnte, was ich da angekreuzt habe
- eher unehrlich, weil ich solche Sachen zwar nicht selber gesehen habe, ich sie aber von anderen gehört habe und zeigen will, was so abgeht
- ohne mir viel Gedanken zu machen, einfach irgend etwas
- es würde mir Spaß machen, mir dabei irgendeinen Unsinn auszudenken („Verarschung": z.B. absichtlich Falsches ankreuzen)
- ich könnte mich nicht mehr genau erinnern und würde trotzdem irgend etwas ankreuzen
- weil ich von mir aus wenig sagen könnte, würde ich mit überlegen, was wohl andere Jungen/Mädchen oder Freunde/Freundinnen ankreuzen und das dann ankreuzen
- ich würde so antworten, dass unsere Schule besser dasteht, als sie in Wirklichkeit ist, weil ich nicht will, dass sie einen schlechten Ruf bekommt
- ich würde so antworten, dass unsere Schule schlechter dasteht, als sie in Wirklichkeit ist, weil ich es cool finde, wenn sie einen schlechten Ruf hat („krasse Schule")

abgeht (siehe Tabelle 11). Mit einer Tendenz zur Unehrlichkeit ist bei der Hälfte der Schüler zu rechnen.

Tabelle 11: Gruppenbefragung Frage P1, absolut und Prozent

(...passiert: von einem verprügelt)	absolut	Prozent
eher ehrlich	18	50.0
vielleicht ehrlich	8	22.2
eher unehrlich	8	22.2
eher unehrlich, weil mir solche Sachen zwar nicht passiert sind, ich sie aber bei anderen gesehen habe und zeigen will, was so abgeht	2	5.6
gesamt	36	100.0

Bei **Frage P2** (...passiert: gewaltsame Wegnahme) gaben 25 Pbn an, eher ehrlich, 5 vielleicht ehrlich, 5 andere eher unehrlich zu antworten. Ein Proband gab an, eher unehrlich zu antworten, weil er Angst hätte, dass vielleicht doch jemand herausbekommen könnte, was er da angekreuzt hat. Ein weiterer gab an, er könnte sich nicht mehr genau erinnern und würde trotzdem irgendetwas ankreuzen. In einem Fall wurde festgestellt, von sich aus wenig dazu sagen zu können und deswegen zu überlegen, was wohl andere Jungen/Mädchen oder Freunde/Freundinnen ankreuzen würden und es diesen dann gleichzutun (siehe Tabelle 12). Hier hat man es bei etwa 70 % der Pbn mit der Neigung zu tun, ehrlich zu antworten. Die Tendenz zur Unehrlichkeit läge bei 25 %.

Tabelle 12: Gruppenbefragung Frage P2, absolut und Prozent

(...passiert: gewaltsame Wegnahme)	absolut	Prozent
eher ehrlich	25	69.4
vielleicht ehrlich	5	13.9
eher unehrlich	3	8.3
eher unehrlich, weil ich Angst hätte, dass vielleicht doch jemand herausbekommen könnte, was ich da angekreuzt habe	1	2.8
ich könnte mich nicht mehr genau erinnern und würde trotzdem irgend etwas ankreuzen	1	2.8
weil ich von mir aus wenig sagen könnte, würde ich mit überlegen, was wohl andere Jungen/Mädchen oder Freunde/ Freundinnen ankreuzen und das dann ankreuzen	1	2.8
gesamt	36	100.0

Bei **Frage P3** (...passiert: verprügelt von mehreren) erschienen 20 Pbn als eher ehrlich, 7 vielleicht ehrlich und weitere 7 eher unehrlich. Ein Proband gab an, eher unehrlich zu antworten, weil er Angst hätte, dass vielleicht doch jemand herausbekommen könnte, was er da angekreuzt hat. Ein weiterer vermerkte, eher unehrlich zu antworten, weil ihm solche Sachen zwar nicht passiert sind, er sie aber bei anderen gesehen hat und zeigen will, was so abgeht (siehe Tabelle 13). Mit einer Tendenz zur Unehrlichkeit müsste in 44,4 % der Fälle gerechnet werden, Ehrlichkeit wäre bei mehr als der Hälft zu vermuten.

Tabelle 13: Gruppenbefragung Frage P3, absolut und Prozent

(...passiert: verprügelt von mehreren)	absolut	Prozent
eher ehrlich	20	55.6
vielleicht ehrlich	7	19.4
eher unehrlich	7	19.4
eher unehrlich, weil ich Angst hätte, dass vielleicht doch jemand herausbekommen könnte, was ich da angekreuzt habe	1	2.8
eher unehrlich, weil mir solche Sachen zwar nicht passiert sind, ich sie aber bei anderen gesehen habe und zeigen will, was so abgeht	1	2.8
gesamt	36	100.0

Bei **Frage P4** (...passiert: aufgelauert, bedroht worden) teilten 22 Pbn mit, eher ehrlich, 9 vielleicht ehrlich und 3 eher unehrlich zu antworten. Zwei Pbn gaben an, eher unehrlich zu antworten, weil ihnen solche Sachen zwar nicht passiert sind, sie diese aber bei anderen gesehen haben und zeigen wollen, was so abgeht (siehe Tabelle 14). Hier ist die Neigung zur Ehrlichkeit deutlicher als bei dem Item P3. Eine Tendenz zur Unehrlichkeit spielt in 14 Fällen (38,8 %) eine Rolle.

Tabelle 14: Gruppenbefragung Frage P4, absolut und Prozent

(...passiert: aufgelauert, bedroht worden)	absolut	Prozent
eher ehrlich	22	61.1
vielleicht ehrlich	9	25.0
eher unehrlich	3	8.3
eher unehrlich, weil mir solche Sachen zwar nicht passiert sind, ich sie aber bei anderen gesehen habe und zeigen will, was so abgeht	2	5.6
gesamt	36	100.0

Im **Opferteil insgesamt** wurde 85 mal (59.0 %) die Antwort eher ehrlich gegeben (siehe Tabelle 15). Bei allen Items dieses Teils des Befragungsbogens hatten mindestens die Hälfte (bis zu fast 70 %) der Schüler mit „eher ehrlich" geantwortet. Von den 144 insgesamt vorliegenden Feststellungen sind Verfälschungstendenzen nur bei 41 % zu vermuten.

Tabelle 15: Gruppenbefragung Opferteil gesamt, absolut und Prozent

	P1	P2	P3	P4	gesamt
eher ehrlich	18	25	20	22	85
	(50.0)	(69.4)	(55.6)	(61.1)	(59.0)
vielleicht ehrlich	8	5	7	9	29
	(22.2)	(13.9)	(19.4)	(25.0)	(20.1)
eher unehrlich/außerdem verfälschend	10	6	9	5	30
	(27.8)	(16.7)	(25.0)	(13.9)	(20.9)
gesamt	36	36	36	36	144
	(100.0)	(100.0)	(100.0)	(100.0)	(100.0)

(Prozentwerte in Klammern)

4.2.3.3   Täterteil:

Dieser Teil enthält die Fragen G1, G2, G3 und G4, bei denen die Pbn angeben sollten, wie ehrlich sie auf Fragen danach, ob sie bestimmte Sachverhalte selber getan haben, antworten würden.

Bei **Frage G1** (...getan: Prügelei eins gegen eins) gaben 24 Pbn an, eher ehrlich, 5 vielleicht ehrlich und 4 eher unehrlich zu antworten. Drei Pbn vermerkten, eher unehrlich zu antworten, weil sie solche Sachen zwar nicht gemacht haben, sie diese aber bei anderen gesehen haben und zeigen wollen, was so abgeht (siehe Tabelle 16). Eine Tendenz zur Unehrlichkeit besteht hier bei einem Drittel der Fälle.

Tabelle 16: Gruppenbefragung Frage G1, absolut und Prozent

(...getan: Prügelei eins gegen eins)	absolut	Prozent
eher ehrlich	24	66.7
vielleicht ehrlich	5	13.9
eher unehrlich	4	11.1
eher unehrlich, weil ich solche Sachen zwar nicht gemacht habe, ich sie aber bei anderen gesehen habe und zeigen will, was so abgeht	3	8.3
gesamt	36	100.0

Bei **Frage G2** (...getan: gewaltsame Wegnahme) ließen 17 Pbn erkennen, eher ehrlich, 11 vielleicht ehrlich und 7 eher unehrlich zu antworten. Ein Proband gab an, eher unehrlich zu antworten, weil er solche Sachen zwar nicht gemacht hat, er sie aber bei anderen gesehen hat und zeigen will, was so abgeht (siehe Tabelle 17). Die Neigung zur Ehrlichkeit liegt somit bei 47,2 % der Fälle, gegenüber 52,7 %, bei denen eine Tendenz zur Unehrlichkeit vorliegt.

Tabelle 17: Gruppenbefragung Frage G2, absolut und Prozent

(...getan: gewaltsame Wegnahme)	absolut	Prozent
eher ehrlich	17	47.2
vielleicht ehrlich	11	30.6
eher unehrlich	7	19.4
eher unehrlich, weil ich solche Sachen zwar nicht gemacht habe, ich sie aber bei anderen gesehen habe und zeigen will, was so abgeht	1	2.8
gesamt	36	100.0

Bei **Frage G3** (...getan: Prügelei mehrere gegen einen) gaben 16 Pbn an, eher ehrlich, 6 vielleicht ehrlich und 11 eher unehrlich zu antworten. Drei Pbn wollten eher unehrlich antworten, weil sie Angst hätten, dass vielleicht doch jemand herausbekommen könnte, was sie da angekreuzt haben (siehe Tabelle 18). Auch hier liegt der Anteil der Ehrlichkeitstendenz unter 50 %; in 55,5 % der Fälle besteht eine Tendenz zur Unehrlichkeit.

Tabelle 18: Gruppenbefragung Frage G3, absolut und Prozent

(...getan: Prügelei mehrere gegen einen)	absolut	Prozent
eher ehrlich	16	44.4
vielleicht ehrlich	6	16.7
eher unehrlich	11	30.6
eher unehrlich, weil ich Angst hätte, dass vielleicht doch jemand herausbekommen könnte, was ich da angekreuzt habe	3	8.3
gesamt	36	100.0

Bei **Frage G4** (...getan: Waffe mit in die Schule gebracht) gaben 10 Pbn an, eher ehrlich, 8 vielleicht ehrlich und 10 eher unehrlich zu antworten. Fünf Pbn ließen erkennen, eher unehrlich zu antworten, weil sie Angst hätten, dass vielleicht doch jemand herausbekommen könnte, was sie da angekreuzt haben. Zwei wollten eher unehrlich antworten, weil sie solche Sachen zwar nicht gemacht haben, sie diese aber bei anderen gesehen haben und zeigen möchten, was so abgeht. Ein Proband kreuzte an, er würde, weil er von sich aus wenig dazu sagen könnte, überlegen, was wohl andere Jungen/Mädchen oder Freunde/Freundinnen ankreuzen und das dann ankreuzen (siehe Tabelle 19). Was dieses Item betrifft, so gaben weniger als ein Drittel der Schüler die Antwort „eher ehrlich", entsprechend liegen die Verfälschungstendenzen bei 72, 2 %.

Tabelle 19: Gruppenbefragung Frage G4, absolut und Prozent

(...getan: Waffe mit in die Schule gebracht)	absolut	Prozent
eher ehrlich	10	27.8
vielleicht ehrlich	8	22.2
eher unehrlich	10	27.8
eher unehrlich, weil ich Angst hätte, dass vielleicht doch jemand herausbekommen könnte, was ich da angekreuzt habe	5	13.9
eher unehrlich, weil ich solche Sachen zwar nicht gemacht habe, ich sie aber bei anderen gesehen habe und zeigen will, was so abgeht	2	5.6
weil ich von mir aus wenig sagen könnte, würde ich mit überlegen, was wohl andere Jungen/Mädchen oder Freunde/ Freundinnen ankreuzen und das dann ankreuzen	1	2.8
gesamt	36	100.1

Im **Täterteil insgesamt** wurde 67 mal (46.5 %) die Antwort eher ehrlich gegeben (siehe Tabelle 20). Bei diesem Täterteil ist eine erhebliche Streuung zwischen den Items zu erkennen; während G1 den höchsten Anteil (zwei Drittel) der Neigung, ehrlich zu antworten erkennen lässt, fällt dieser bei G4 (Verfügen über eine Waffe) auf unter ein Drittel ab. Dies führte dazu, dass von den insgesamt 144 Feststellungen doch immerhin 53,5 % an Verfälschungen zumindest denken lassen.

Tabelle 20: Gruppenbefragung Täterteil gesamt, absolut und Prozent

	G1	G2	G3	G4	gesamt
eher ehrlich	24	17	16	10	67
	(66.7)	(47.2)	(44.4)	(27.8)	(46.5)
vielleicht ehrlich	5	11	6	8	30
	(13.9)	(30.6)	(16.7)	(22.2)	(20.9)
eher unehrlich/außerdem verfälschend	7	8	14	18	47
	(19.4)	(22.2)	(38.9)	(50.0)	(32.6)
gesamt	36	36	36	36	144
	(100.0)	(100.0)	(100.0)	(100.0)	(100.0)

(Prozentwerte in Klammern)

4.2.3.4 Zusammenfassung

Betrachtet man die Ergebnisse der Gruppenbefragung im Überblick, so lässt sich feststellen, dass sowohl die Häufigkeiten der Antwort eher ehrlich als auch der Antwort eher unehrlich bei den einzelnen Fragen erheblich variieren. So findet sich die Antwort eher ehrlich am häufigsten bei Frage P2 (...passiert: gewaltsame Wegnahme) mit absolut 25 (69.4 %) und am seltensten bei der Frage B4 (...beobachtet: Waffe mit in die Schule gebracht) mit absolut 8 (22.2 %). Die Kategorie „eher unehrlich/außerdem verfälschend" findet sich am häufigsten bei Frage G4 (...getan: Waffe in die Schule mitgebracht) mit absolut 18 (50.0 %) und am seltensten bei den Fragen B2 (...beobachtet: gewaltsame Wegnahme) und P2 (...passiert: gewaltsame Wegnahme) mit absolut 6 (16.7 %) (siehe Tabelle 21).

Tabelle 21: Gesamtüberblick Fragen

	B1	B2	B3	B4	P1	P2	P3	P4	G1	G2	G3	G4
eher ehrlich	13	22	12	8	18	25	20	22	24	17	16	10
	(36.1)	(61.1)	(33.3)	(22.2)	(50.0)	(69.4)	(55.6)	(61.1)	(66.7)	(47.2)	(44.4)	(27.8)
	12	8	17	12	8	5	7	9	5	11	6	8
vielleicht ehrlich	(33.3)	(22.2)	(47.2)	(33.3)	(22.2)	(13.9)	(19.4)	(25.0)	(13.9)	(30.6)	(16.7)	(22.2)
	11	6	7	16	10	6	9	5	7	8	14	18
eher unehrlich/ außerdem verfäl- schend	(30.6)	(16.7)	(19.4)	(44.4)	(27.8)	(16.7)	(25.0)	(13.9)	(19.4)	(22.2)	(38.9)	(50.0)
gesamt	36	36	36	36	36	36	36	36	36	36	36	36
	(100)	(100)	(99.9)	(99.9)	(100)	(100)	(100)	(100)	(100)	(100)	(100)	(100)

(Prozentwerte in Klammern)

In jedem der drei Teile existiert eine Frage, die sowohl die niedrigste Zahl der Antwort eher ehrlich als auch die höchste Zahl der Sammelkategorie „eher unehrlich/außerdem verfälschend" auf sich vereinigt. Im Beobachterteil (B1 – B4) ist dies die Frage B4 (...beobachtet: Waffe mit in die Schule gebracht) mit 8-mal (22.2 %) eher ehrlich und 16 mal (44.4 %) „eher unehrlich/außerdem verfälschend". Im Opferteil (P1 – P4) handelt es sich um die Frage P1 (...passiert: von einem verprügelt) mit 18 mal (50.0 %) eher ehrlich und 10-mal (27.8 %) „eher unehrlich/außerdem verfälschend". Im Täterteil ist es die Frage G4 (...getan: Waffe mit in die Schule gebracht) mit 10-mal (27.8 %) eher ehrlich und 18 mal (50.0 %) „eher unehrlich/außerdem verfälschend". Die Fragen B4 (...beobachtet: Waffe mit in die Schule gebracht) und G4 (...getan: Waffe mit in die Schule gebracht) weisen sowohl die zwei niedrigsten Anteile der Antwort eher ehrlich als auch die zwei höchsten Anteile der Kategorie „eher unehrlich/außerdem verfälschend" auf. Es handelt sich um die beiden einzigen Fragen, bei denen die Anzahl der „eher unehrlich/außerdem verfälschend" –Antworten höher ist als die Anzahl der eher ehrlich – Antworten (und zwar jeweils um absolut 8 Antworten) (siehe Abbildung 7).

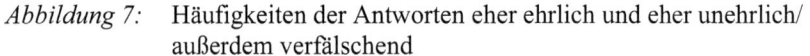

Abbildung 7:   Häufigkeiten der Antworten eher ehrlich und eher unehrlich/
                   außerdem verfälschend

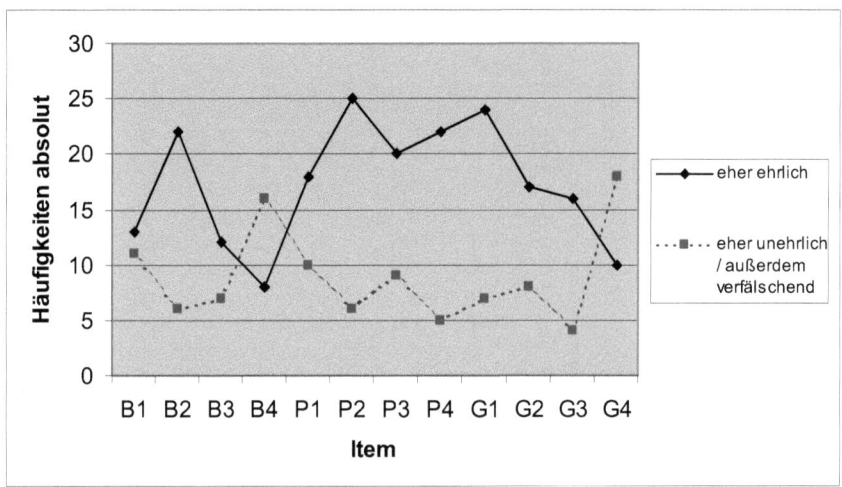

Im Beobachterteil wurde 55 mal (38.2 %) die Antwort eher ehrlich, 49 mal
(34.4 %) vielleicht ehrlich und 40-mal „eher unehrlich/außerdem verfälschend"
gegeben. Der Opferteil wies 85 mal (59.0 %) die Antwort eher ehrlich auf, 29-
mal (20.1 %) die Antwort vielleicht ehrlich und 30-mal (20.8 %) die Kategorie
„außerdem verfälschend".[27] Im Täterteil wurde 67 mal (46.5 %) die Antwort
eher ehrlich, 30-mal (20.8 %) vielleicht ehrlich und 47 mal (32.6 %) eine Antwort der Sammelkategorie „eher unehrlich/außerdem verfälschend" gegeben.
Was den gesamten Befragungsbogen betrifft, so findet sich 207 mal (47.9 %) die
Antwort eher ehrlich, 108 mal (25.0 %) vielleicht ehrlich und 117-mal (27.1 %)
die Kategorie „eher unehrlich/außerdem verfälschend" (siehe Tabelle 22).

---

[27] Der Opferteil lässt sich nur bedingt mit dem Täter- und dem Beobachterteil vergleichen, da in ihm
keine Frage in Zusammenhang mit Waffen an der Schule enthalten ist.

Tabelle 22: Häufigkeiten Beobachter-, Opfer-, Täterteil und Gesamtbefragung

	Beobachterteil	Opferteil	Täterteil	gesamt
eher ehrlich	55 (38.2)	85 (59.0)	67 (46.5)	207 (47.9)
vielleicht ehrlich	49 (34.0)	29 (20.1)	30 (20.8)	108 (25.0)
eher unehrlich/ außerdem verfälschend	40 (27.8)	30 (20.8)	47 (32.6)	117 (27.1)
gesamt	144 (100.0)	144 (99.9)	144 (99.9)	432 (100)

(Prozentwerte in Klammern)

Insgesamt weisen die Zahlen darauf hin, dass in jedem der Einzelteile (Beobachter-, Opfer-, Täterteil) mit Verfälschungen zu rechnen ist. Insbesondere bei den Fragen im Zusammenhang mit Waffen scheinen große Vorbehalte gegenüber ehrlicher Beantwortung zu bestehen, und zwar unabhängig davon, ob von der Beobachter- oder der Täterperspektive aus eine Antwort gegeben werden soll.

Die geringste Ehrlichkeit ist bei Fragen bezüglich der Beobachterperspektive zu erwarten, im Gegensatz zu solchen welche den Opferstatus thematisieren. Dass die Täterperspektive nicht zu einem geringeren Anteil ehrlicher Antworten geführt hat, mag überraschen. Allerdings findet man hier die ausgeprägtesten eindeutigen Verfälschungstendenzen (Kategorie „eher unehrlich/außerdem verfälschend"), während die Alternative „vielleicht ehrlich" hinsichtlich der Häufigkeit auf dem Niveau des Opferteils liegt.

Die Antwortmöglichkeiten „ohne mir viel Gedanken zu machen, einfach irgendetwas", „es würde mir Spaß machen, mir dabei irgend einen Blödsinn auszudenken..." und „ich würde so antworten, dass unsere Schule schlechter dasteht..." wurden überhaupt niemals angekreuzt. (Diese Gesichtspunkte sind aber dann bei den folgenden Einzelinterviews, in Bezug auf Mitschüler, zum Teil mehrfach erwähnt worden.)

5 Einzelinterviews

5.1 Konzept und Durchführung

5.1.1 Konzept

In den Einzelinterviews wurden im Wesentlichen die Ergebnisse der Gruppenbefragung (d.h. die Antworten der Pbn auf die Fragen des situationsspezifischen Teils des Befragungsbogens[28] sowie die in den Gruppendiskussionen genannten Gründe) einer genaueren Untersuchung unterzogen. Die Grundlage für diese Interviews stellt also ebenfalls die fiktive Befragungssituation im Klassenrahmen dar (vgl. 4.1 Konzept und Durchführung). Die Befragten hatten die Möglichkeit, frei ohne Antwortvorgaben zu formulieren, wie sie auf bestimmte Fragen antworten und weshalb sie dieses in bestimmter Weise tun würden. Die Vorteile eines solchen offenen Vorgehens sind nach Mayring (1990):

- Man kann überprüfen, ob man vom Befragten überhaupt verstanden wurde.
- Der Befragte kann einem ganz subjektive Perspektiven und Deutungen offen legen.
- Der Befragte kann selbst Zusammenhänge, größere kognitive Strukturen im Interview entwickeln.
- Die konkreten Bedingungen der Interviewsituation können thematisiert werden.

(Mayring, 1990, S. 47)

Wegen des explorativen Charakters der Untersuchung sollte den Befragten eine maximale Möglichkeit zugestanden werden, auch nicht antizipierte Gesichtspunkte zur Sprache zu bringen. Darüber hinaus enthielt das Interview allgemein gehaltene Sondierungsfragen aus dem Bereich Gewalt an Schulen, in denen die Pbn ihre Meinung miteilen und bestimmte Aspekte einbringen konnten, auch wenn diese Punkte nicht zentrales Thema der Untersuchung waren. Dies sollte auch dazu beitragen, dass sich die Pbn in ihrer Rolle als „Berater" ernst genommen fühlten. Der Interviewer ging anhand eines halbstandardisierten Leitfadens

---

[28] Beobachter-, Opfer- und Täterteil, siehe 4.2.3.

vor. Neben einem Grundgerüst von Leitfadenfragen musste der Interviewer den Gesprächsverlauf mit Ad-hoc-Fragen relativ frei gestalten, um die vorgetragenen Verfälschungstendenzen und Standpunkte der Pbn auf dem Hintergrund subjektiver Bedeutungen und Bezüge zu verstehen und zu hinterfragen. Hierbei wurde von Seiten des Interviewers manchmal direktiv, punktuell sogar durchaus konfrontativ vorgegangen, etwa wenn es darum ging, zu erfragen, ob die Pbn selber bestimmte Sachverhalte begangen hatten. Dies mag problematisch, ja in Teilen suggestiv erscheinen (zu den Problemen von Suggestivfragen bei Interviews siehe Richardson, Dohrenwend & Klein, 1993). An dieser Stelle ist zu erwähnen, dass dem Interviewer sehr gute Hintergrundinformationen über die Pbn bezüglich der zur Diskussion stehenden Sachverhalte zugänglich waren. Diese wurden mittels eines Fremdbeurteilungsbogens erhoben, den der jeweilige Klassenlehrer sowie zwei in der Schule tätige Sozialpädagogen für jeden Pbn ausfüllten. Diese wussten nichts von dieser zusätzlichen Fremdeinschätzung; den Beurteilern war bekannt, dass die jeweiligen Pbn für die Einzelinterviews vorgesehen waren. Insbesondere die von den Klassenlehrern angegebenen Einschätzungen bezüglich Gewalthandlungen können als gute Orientierungshilfe angesehen werden (siehe Tabelle 25). Bezüglich eines eventuell etwas „direkteren Interviewstils" kann lediglich auf die berufliche Erfahrung und Vertrautheit des Interviewers mit der Zielgruppe jugendlicher Hauptschüler sowie seine Erfolge beim Aufbau vertrauensvoller Kontakte zu ihr, hingewiesen werden.

> Ziel ist, einen guten „Rapport" herzustellen. Es dürfte gegenwärtig nicht entschieden sein, ob dazu eher ein hartes Interviewen (schnelles, unter Umständen aggressives Fragen) oder ein weiches (Nachfragen, Bestätigungen) geeignet ist. ANGER (1966, S. 596) vermutet bei weichem Interviewen eine Tendenz zu „sozialer Erwünschtheit" (da der Befragte die angenehme Beziehung zum Interviewer erhalten will), bei hartem eine Tendenz zu ausweichenden Antworten.
> (Friedrichs, 1990, S. 216)

Die Interviews wurden mit einem Diktiergerät aufgenommen und wörtlich transkribiert. Diese vollständige Texterfassung des verbal erhobenen Materials stellt die Basis für eine ausführliche qualitative Auswertung dar (Mayring, 1990). Nach Flick (2002) sind bei „psychologischen oder soziologischen Fragestellungen, bei denen sprachlicher Austausch zum [sic] Medium zur Untersuchung bestimmter Inhalte ist, [...] übertriebene Genauigkeitsstandards nur in Sonderfällen gerechtfertigt" (Flick, 2002, S. 253). „Sinnvoller erscheint, nur so viel und so genau zu transkribieren, wie die Fragestellung erfordert" (ebd.) (vgl. Kowal & O'Connell, 2000; Strauss, 1991). Da die Auswertung nur auf inhaltlich-thematischer Ebene stattfand, konnte auf ein Höchstmaß an Genauigkeit, etwa bezüglich der Klassifikation von Pausen, prosodischen Merkmalen und ähnlichem verzichtet werden. Auch außersprachliche Merkmale wie Gestik, Mimik und Blickverhalten im Gesprächsverlauf wurden nicht protokolliert. Bei der Transkription stand die gute Lesbarkeit der Protokolle im Vordergrund. Sie orientiert sich weitgehend an der Standardorthographie jeweils gebrauchter Wörter, jedoch wurden Satzbaufehler und Besonderheiten der tatsächlich gesprochenen Sprache, welche die Lesbarkeit nicht beinträchtigen (beispielsweise „des" anstatt korrekt „das", Eliminierung der An- und Endlaute) unverändert belassen. Anschließend wurden die Transkripte einer qualitativen Inhaltanalyse mit induktiver Kategorienbildung nach Mayring (Mayring, 1990, 2000, 2003) unterzogen.[29] Mit den Verfahren der zusammenfassenden Inhaltsanalyse (Paraphrase, Generalisierung, Reduktion) wurden schrittweise Kategorien aus dem Material entwickelt, welche die subjektiven Begründungen der Pbn für Verfälschungstendenzen wiedergaben. Formal handelt es sich bei diesem Untersuchungsteil somit um ein offenes (Freiheitsgrade des Pb), teilstandardisiertes (Freiheitsgrade des Interviewers), qualitatives (Methodik der Auswertung) Vorgehen (Mayring, 1990).

5.1.2 Durchführung

Die Einzelinterviews wurden im Berufsberatungszimmer der Schule durchgeführt. In Abstimmung mit den Klassenlehrern wurden hierfür Termine vereinbart, die sicherstellten, dass das Recht der Pbn auf Unterricht nicht beeinträchtigt wurde, beispielsweise während Vertretungs- oder Freistunden oder unmittelbar nach Unterrichtsschluss. Dieses schulbasierte Vorgehen hatte den Vorteil, auf Grund der kurzen Wege die zeitliche Inanspruchnahme der Pbn auf ein Minimum zu reduzieren sowie dass die Interviews in einer vertrauten Umgebung, d.h. im Kontext der Schule stattfanden. Ein weiterer Vorteil bestand darin, dass der Interviewer die Schülerinnen und Schüler vom Klassenzimmer abholen bzw. an die Termine erinnern und auch flexibel reagieren konnte, wenn die Pbn an dem für das Gespräch vorgesehenen Tag in der Schule fehlten. Tatsächlich bedurfte es einer gewissen Beharrlichkeit, alle vorgesehenen Interviews zu realisieren. Einige der Pbn wiesen relativ viele Fehltage auf, so dass in einigen Fällen bis zu drei Interviewtermine angesetzt werden mussten.

Die Interviews wurden, wie bereits erwähnt, anhand eines teilstandardisierten Leitfadens durchgeführt und mit einem Diktiergerät aufgenommen. Nach der Begrüßung erfolgte eine ausführliche Einleitung, bei der nochmals der Zweck der Untersuchung sowie die Rollen der Beteiligten geklärt wurden (vgl. hierzu Meyer, 2001). Besonders wichtig erschien es, dem Pb zu vermitteln, dass es

---

[29] Zu qualitativen Methoden siehe auch Flick (2002), Flick, von Kardorff & Steinke (2000), Garz & Kraimer (1991), Hoffmeyer-Zlotnik (1992), Hopf & Weingarten (1993), Spöhring (1995), Steinke (1999), Strauss (1991).

nicht darum ging, ihn auszuhorchen und ihm eventuell zu schaden, sondern er als Berater, gewissermaßen Experte für Jugendfragen, fungierte. Es wurde nochmals betont, dass absolute Freiwilligkeit bei den Interviews bestehe, jederzeit ein Abbruch möglich sei und Fragen nicht beantwortet werden müssten, wenn sie für den Pb unangenehme Themen berührten. Der Interviewer verbürgte sich dafür, dass aus dem im Interview Mitgeteilten keine Nachteile entstehen würden sowie absolute Anonymität gegenüber Dritten gewahrt bleibe. Bezüglich der Aufnahme des Gesprächs wurde das Einverständnis des Pb eingeholt sowie die Löschung der Bänder unmittelbar nach der Auswertung zugesichert. Bei der Planung und Gestaltung der konkreten Interviewsituation richtete sich der Untersucher insbesondere nach den Empfehlungen von Hermanns (2000).

Im Folgenden ist nur das inhaltliche Grundgerüst dargestellt, die genauen Interviewverläufe können anhand der Transkripte im Anhang nachvollzogen werden. Am Beginn stand eine Einstiegsfrage („Sind Fragebögen zum Thema Gewalt an Schulen wichtig oder eher unwichtig?"), mittels derer die allgemeine Einstellung des Pb zu Fragebögen sowie zum Thema Gewalt an Schulen zu erkunden war. Danach erfolgte die Präsentation der einzelnen Fragen des situationsspezifischen Teils des Befragungsbogens der Gruppenbefragung (B1 – G4) in einem Vorlagenhalter, diese wurden zusätzlich vorgelesen (vgl. 4.1.1.5 Befragungsbogen). Dabei erhielt der Proband jeweils seine in der Gruppenbefragung gegebene Antwort mitgeteilt und es folgte die Frage, ob er noch wisse, weshalb er so geantwortet habe und ob eventuell auch andere Antworten zutreffen könnten[30] (Beispiel: „Wenn in einem Fragebogen stehen würde: In den letzten 12 Monaten habe ich mindestens alle paar Monate gesehen, dass sich zwei Schüler/zwei Schülerinnen geprügelt haben – Ja/Nein. Wie würdest du dann ankreuzen? Hier hast du geantwortet: Eher ehrlich. Weißt du noch, warum du so geantwortet hast? Könnte hier auch etwas anderes stimmen?"). Durch freies Nachfragen („Ad-hoc-Fragen") versuchte der Interviewer eventuelle Verfälschungstendenzen sowie deren Gründe herauszufinden.

Für das Verständnis der Verfälschungstendenzen sowie eine Einschätzung von deren Auswirkungen war es notwendig, die Pbn danach zu fragen, ob die in den Bezugsfragen (b1 – g4) geschilderten Sachverhalte auf sie zutreffen (Beispiel: „In den letzten 12 Monaten ist mir mindestens alle paar Monate passiert, dass ich von mehreren Jungen/Mädchen verprügelt worden bin – Ist dir das denn passiert?). Des Weiteren wurden die Pbn gefragt, ob die in der Gruppendiskussion genannten Gründe für unehrliches Antworten (siehe 4.2.2) auf sie zuträfen. (Beispiel: „Als ich bei euch in der Klasse war, haben wir ja gemeinsam disku-

---

[30] Anhand eines Codewortes, welches die Teilnehmer der Gruppenbefragung auf dem Befragungsbogen hinterlassen hatten, konnte das Antwortverhalten der Pbn aus einer Liste entnommen werden. Dies setzte voraus, dass der Proband einverstanden war und dem Interviewer sein Codewort nannte.

tiert, warum man in einem Fragebogen vielleicht nicht ganz ehrlich antwortet. Dabei wurden einige Gründe genannt, warum man Sachen, die passiert sind, vielleicht verschweigt. Ein Grund war, dass man Sachen, die passiert sind, nicht ankreuzt, weil man sich sonst als Petze fühlt. Wie ist das bei dir? Würdest du Sachen in einem Fragebogen verschweigen, um dir nicht wie eine Petze vorzukommen?"). Nach dem Abschalten des Diktiergerätes erfolgte eine ausführliche Abschlussbesprechung („debriefing"), wobei dem Pb insbesondere nochmals vermittelt wurde, dass ihm aus dem Gesagten keinerlei Nachteile entstehen. Der Interviewer erklärte auch, dass die Nachfragen seinerseits lediglich sicherstellen sollten, dass er die Aussagen auch wirklich richtig verstanden hatte und nicht etwa deswegen erfolgten, weil er dem Pb nicht glaubte. Der Interviewer bedankte sich und überreichte als Anerkennung für die Mitarbeit einen Kinogutschein.[31]

5.2 Ergebnisse

Die Interviews wurden folgenden Auswertungsschritten unterzogen:

- Auswertung hinsichtlich der in den Bezugsfragen beschriebenen Sachverhalte[32]
  (Welche der Sachverhalte haben die Pbn beobachtet, welche sind ihnen passiert, welche haben sie getan?)
- Auswertung der Verfälschungstendenzen
  (Wie ehrlich bzw. unehrlich würden die Pbn auf Fragen nach ihren Beobachtungen, Erfahrungen bzw. Taten in einem Fragebogen antworten?)
- Auswertung hinsichtlich der in den Gruppendiskussionen genannten Gründe
  (Treffen die in der Gruppendiskussion genannten Gründe für unehrliches Antworten auf die Pbn zu?)
- Auswertung der Gründe für Verfälschungstendenzen
  (Warum würden die Pbn bei manchen Fragen vielleicht ehrlich bzw. eher unehrlich antworten?)

---

[31] Als Indiz für das Zustandekommen guter Arbeitsbündnisse kann gewertet werden, dass alle Pbn betonten, sie hätten gerne geholfen und die Belohnung in Form eines Kinogutscheins eigentlich gar nicht notwendig sei.

[32] Als Bezugsfragen sind hier die Items des fiktiven Gewaltfragebogens bezeichnet, die den Pbn im Befragungsbogen als Teil der Situationsvorgabe präsentiert wurden. Sie sollen so sprachlich von den eigentlichen Statements des Befragungsbogen (nach dem anzunehmenden Antwortverhalten) abgegrenzt werden.

5.2.1 Stichprobe

Aus jeder der zwei Hauptschulklassen, in der die Gruppenbefragung durchgeführt wurde, wurden je vier Pbn mittels eines Losverfahren für die Interviews
ermittelt. Zusätzlich wurde aus jeder Klasse ein Teilnehmer eines Streitschlichterprogramms an der Schule als Proband ausgewählt. Es wurden 10 Interviews
durchgeführt, eines davon konnte auf Grund eines technischen Defektes am
Aufzeichnungsgerät nicht transkribiert und ausgewertet werden. Es ergab sich
somit eine auswertbare Gesamtstichprobe von neun Pbn, acht davon haben zufäl-
lig Zugang zur Stichprobe gefunden, ein Proband wurde wegen seiner Tätigkeit
als Streitschlichter ausgewählt (siehe Tabelle 23).

Tabelle 23: Alter, Geschlecht, Staatsangehörigkeit der Pbn der Einzelinterviews
(n=9)

		absolut
Alter	15 Jahre	6
	16 Jahre	3
Geschlecht	weiblich	2
	männlich	7
Staatsangehörigkeit	deutsch	4
	türkisch	2
	jugoslawisch	2
	bosnisch	1
Auswahl	per Losverfahren	8
	wegen Streitschlichtertätigkeit	1

(Durchschnittsalter: 15;9)

5.2.2 Auswertung hinsichtlich der in den Bezugsfragen beschriebenen Sachverhalte

Im ersten Schritt wurden die Interviews dahingehend ausgewertet, ob die Pbn die
in den Bezugsfragen geschilderten Sachverhalte beobachtet haben bzw. sie ihnen
passiert sind oder sie diese getan haben. Obwohl das Ziel dieser Untersuchung
nicht darin besteht, die Häufigkeit von Gewalthandlungen zu erheben, war dies
nötig, um später eine Einschätzung der Auswirkung der geäußerten Verfäl-

schungstendenzen auf ein Umfrageergebnis vorzunehmen. Die einzelnen Bezugsfragen sind in Tabelle 24 wiedergegeben und mit Abkürzungen versehen.[33]

Tabelle 24: Sachverhalte in den Bezugsfragen des fiktiven Gewaltfragebogens

b1	In den letzten 12 Monaten habe ich mindestens alle paar Monate gesehen, dass sich zwei Schüler/ zwei Schülerinnen geprügelt haben.
b2	In den letzten 12 Monaten habe ich mindestens alle paar Monate gesehen, dass jemand einem/einer anderen gewaltsam etwas weggenommen hat.
b3	In den letzten 12 Monaten habe ich mindestens alle paar Monate gesehen, dass mehrere zusammen einen Jungen/ein Mädchen verprügelt haben.
b4	In den letzten 12 Monaten habe ich mindestens alle paar Monate gesehen, dass jemand eine Waffe mit in die Schule gebracht hat.
p1	In den letzten 12 Monaten ist mir mindestens alle paar Monate passiert, dass ich von einem (einer) anderen verprügelt worden bin.
p2	In den letzten 12 Monaten ist mir mindestens alle paar Monate passiert, dass mir von anderen gewaltsam etwas weggenommen worden ist.
p3	In den letzten 12 Monaten ist mir mindestens alle paar Monate passiert, dass ich von mehreren anderen Jungen/Mädchen verprügelt worden bin.
p4	In den letzten 12 Monaten ist mir mindestens alle paar Monate passiert, dass mir andere aufgelauert, mich bedroht haben.
g1	In den letzten 12 Monaten habe ich mindestens alle paar Monate mich mit einem/einer anderen geprügelt.
g2	In den letzten 12 Monaten habe ich mindestens alle paar Monate anderen gewaltsam etwas weggenommen.
g3	In den letzten 12 Monaten habe ich mindestens alle paar Monate zusammen mit anderen einen Jungen/ein Mädchen verprügelt
g4	In den letzten 12 Monaten habe ich mindestens alle paar Monate eine Waffe mit in die Schule gebracht.
(jeweils mit den Antwortalternativen Ja oder Nein zu beantworten)	

---

[33] Die Bezugsfragen des fiktiven Gewaltfragebogens sind mit Kleinbuchstaben bezeichnet (b1, p1, g1, ...), die Fragen nach den Antworttendenzen hinsichtlich dieser Bezugsfragen mit Großbuchstaben (B1, P1, G1,...). (vgl. Abbildung 6). Die Abkürzung b1 meint also beispielsweise die Frage „In den letzten 12 Monaten habe ich mindestens alle paar Monate gesehen, dass sich zwei Schüler/zwei Schülerinnen geprügelt haben", auf die mit Ja oder Nein zu antworten wäre. Die Abkürzung B1 steht für die Frage, wie die Pbn die Bezugsfrage b1 beantworten würden („Wenn in einem Fragebogen stehen würde: „ In den letzten 12 Monaten habe ich mindestens alle paar Monate gesehen, dass sich zwei Schüler/zwei Schülerinnen geprügelt haben – Ja/Nein." Wie würdest du dann antworten?"). Diese Frage ist mit den Antwortalternativen eher ehrlich, vielleicht ehrlich, eher unehrlich, usw. zu beantworten.

Die Selbsteinschätzung der Pbn sowie eine Fremdeinschätzung durch die Klassenlehrer bezüglich dieser Sachverhalte sind in Tabelle 25 dargestellt. Die Häufigkeiten, wie oft diese Sachverhalte nach den Selbsteinschätzungen der Pbn bzw. den Fremdbeurteilungen durch die Lehrer zutreffen, sind in Tabelle 26 wiedergegeben (vgl. Anhang E: Interviewtranskripte, sowie Anhang F: Übersicht über die Kodierungen[34]).

Tabelle 25: Selbstbeurteilung und Fremdbeurteilung bezüglich der in den Bezugsfragen geschilderten Sachverhalte

Selbstbeurteilung im Interview und Fremdbeurteilung durch Klassenlehrer hinsichtlich

Sach-verhalt:	Proband Nr.: 1		2		3		4		5		6		7		8		9	
b1	S	F	S	F	S	F	S	F	S	F	S	F	S	F	S	F	S	F
b2	S	F	S	F		F	S	F	S	F	S	F	S	F	S	F	S	F
b3	S	F	S	F	S	F	S	F	S	F	S	F	S	F	S	F	S	
b4	S		S				S				S		S		S		S	
p1	S				S		S								S			
p2							S	F		F					S			
p3																		
p4						F	S	F		F					S	F		
g1	S		S		S						S	F	S	F				
g2														F	S	F		
g3											S	F			S	F		
g4							S				S		S		S			

(S = trifft zu laut Selbstbeurteilung, F = trifft zu laut Fremdbeurteilung)

Tabelle 26: Selbst- und Fremdbeurteilung hinsichtlich der Sachverhalte in den Bezugsfragen (n=9)

Anzahl Pbn, bei denen Sachverhalt zutrifft laut:	b1	b2	b3	b4	p1	p2	p3	p4	g1	g2	g3	g4
Selbstbeurteilung: (im Interview)	9	8	9	7	4	2	0	2	5	1	2	4
Fremdbeurteilung: (durch Klassenlehrer)	9	9	8	0	0	2	0	4	2	2	2	0

(Abkürzungen: siehe Tabelle 22)

---

[34] Anhang E und F sind auf der Verlagshomepage (www.vs-verlag.de) als „Online-Plus" hinterlegt.

Bemerkenswert sind die Diskrepanzen zwischen den Häufigkeiten der Selbstbeurteilung der Schüler und der Fremdbeurteilung durch die Klassenlehrer bezüglich der Fragen in Zusammenhang mit Waffen. Während die Klassenlehrer davon ausgehen, dass kein Proband beobachtet hat, dass Waffen mit in die Schule genommen wurden (b4), geschweige denn er selbst Waffen mitgebracht hat (g4), geben immerhin sieben Pbn an, eine solche Beobachtung gemacht zu haben. Vier Pbn geben gar an, selber Waffen mitgebracht zu haben[35]. Die Klassenlehrer gehen ebenfalls davon aus, dass keiner der Pbn verprügelt wurde (p1), während dies immerhin vier Pbn berichten. Ebenso geben fünf Pbn an, sich geprügelt zu haben (g1), während die Lehrer dies lediglich bei zwei Pbn vermuten.

5.2.3   Auswertung der Verfälschungstendenzen

5.2.3.1   Zu den hier verwendeten Begriffen Realitäts-/Irrealitätsebene

Bei der Auswertung hinsichtlich der Verfälschungstendenzen vielleicht ehrlich und eher unehrlich wurde eine Unterteilung in eine Realitätsebene und eine Irrealitätsebene vorgenommen. Hierbei wurde anhand einer operationalen Definition vorgegangen.

Verfälschungstendenzen (vielleicht ehrlich/eher unehrlich) wurden der **Realitätsebene** zugeschlagen, wenn der Proband die Sachverhalte der Bezugsfragen nach eigener Aussage *tatsächlich* beobachtet, sie ihm passiert oder er sie getan hat (und zwar, genau der Frageformulierung entsprechend, „in den letzten 12 Monaten [...] mindestens alle paar Monate"). Würde beispielsweise ein Proband A Frage B1 mit eher unehrlich beantworten und hätte zudem Sachverhalt b1 tatsächlich beobachtet, so wird diese Antwort als „Realitätsebene: eher unehrlich" gewertet. („Ich habe so etwas gesehen und würde es nicht ankreuzen.") Hierbei handelt es sich um Antworttendenzen, die innerhalb des engen Rahmens der Situationsvorgabe zu tatsächlichen Verfälschungen geführt hätten. Als Grundlage für diese Einteilung dienten die in Tabelle 25 dargestellten Selbstbeurteilungen hinsichtlich dieser Sachverhalte.

Wurden Verfälschungstendenzen lediglich unter der *Annahme* geäußert, die Sachverhalte der Bezugsfragen würden zutreffen, so lassen sich diese Verfälschungstendenzen (vielleicht ehrlich/eher unehrlich) der **Irrealitätsebene** zuordnen. Gibt ein Proband B beispielsweise an, er würde G4 unehrlich beantworten, wenn er g4 getan hätte (was aber nach eigener Aussage real nicht der Fall ist), so wird diese Antwort als „Irrealitätsebene: eher unehrlich" gewertet. („Ich habe so

---

[35] Zur zumindest teilweisen Beruhigung sei gesagt, dass es sich hierbei fast ausschließlich um Messer handelt. Ein Proband berichtet allerdings, auch Gaspistolen gesehen zu haben.

etwas nicht getan. Aber wenn ich es getan hätte, würde ich unehrlich antworten.")[36] Dass diese Aussagen auf der Irrealitätsebene getroffen wurden, heißt aber keineswegs, dass sie generell als irrelevant zu betrachten sind, sondern nur, dass sie im aktuellen Kontext unter den konkreten Bedingungen der Situationsvorgabe nicht zu Verfälschungen geführt hätten.

5.2.3.2 Antworttendenzen Einzelfragen

In Tabelle 27 sind die Häufigkeiten der Antworttendenzen jeweils für die einzelnen Fragen wiedergegeben. In der Zeile „In jedem Fall: eher ehrlich" steht die Anzahl der Pbn, die angegeben haben, die Frage in jedem Fall ehrlich zu beantworten. In den Zeilen „Realitätsebene: vielleicht ehrlich" und „Realitätsebene: eher unehrlich" steht die Anzahl der Pbn, die real „vielleicht ehrlich" oder „eher unehrlich" antworten würden. In den Zeilen „Irrealitätsebene: vielleicht ehrlich" und „Irrealitätsebene: eher unehrlich" steht die Anzahl der Pbn, die im konkreten Fall eher ehrlich antworten würden, weil die in den Bezugsfragen geschilderten Sachverhalte nicht zutreffen. Diese Pbn würden aber „vielleicht ehrlich" oder „eher unehrlich" antworten, wenn sie Entsprechendes tatsächlich beobachtet oder getan hätten bzw. es ihnen passiert wäre. („Ich würde eher ehrlich antworten, weil ich so etwas nicht gesehen habe. Aber wenn ich so etwas gesehen hätte, würde ich vielleicht ehrlich/eher unehrlich antworten").

Tabelle 27: Einzelinterviews, Häufigkeiten Verfälschungstendenzen
Einzelfragen; absolut

(n=9)		B1	B2	B3	B4	P1	P2	P3	P4	G1	G2	G3	G4
In jedem Fall	eher ehrlich	4	4	4	2	4	6	5	5	5	2	2	0
Realitäts-ebene	vielleicht ehrlich	4	5	3	1	2	0	0	1	2	0	0	0
	eher unehrlich	1	0	2	5	1	1	0	1	2	1	2	4
Irrealitäts-ebene	vielleicht ehrlich	0	0	0	0	0	1	3	0	0	2	2	1
	eher unehrlich	0	0	0	1	2	1	1	2	0	4	3	4

(Abkürzungen siehe Abbildung 6)

---

[36] Die hier verwendeten Begriffe der Realitätsebene und der Irrealitätsebene entsprechen nicht den Lewin'schen Begriffen, sondern stellen in deren Sinne eine grobe Vereinfachung dar. Im Sinne Lewins beziehen sich alle hier geäußerten Verfälschungstendenzen der Pbn auf unterschiedliche Irrealitätsebenen (vgl. 3.1.1). Die hier unter Realitätsebene zusammengefassten Verfälschungstendenzen liegen dabei näher an der *Realitätsebene nach Lewin* als die hier unter Irrealitätsebene zusammengefassten Äußerungen, soweit man sich auf diesen Persönlichkeitstheoretiker beziehen wollte.

Hier lässt sich feststellen, dass die Bereitschaft, in jedem Fall ehrlich zu antworten, nach Angaben der Pbn bei den einzelnen Fragen sehr unterschiedlich ausgeprägt ist. Hingewiesen sei hier wieder auf die Fragen im Zusammenhang mit Waffen: Bei Frage B4 (...beobachtet: Waffe mit in die Schule gebracht) ließen nur zwei Pbn in jedem Fall Ehrlichkeit erkennen, einer nur, weil er solche Beobachtungen nicht gemacht hat, einer würde „vielleicht ehrlich" antworten. Fünf Pbn geben an, „eher unehrlich" zu markieren. Hier würden also im besten Fall lediglich drei von neun Pbn, wenn sie Waffen beobachtet hätten, dies auch in einem Fragebogen ankreuzen. Bei Frage G4 (...getan: Waffe mit in die Schule gebracht) war bei keinem einzigen Pbn in jedem Fall Ehrlichkeit zu erkennen, vier Pbn würden eher unehrlich antworten. Ein Proband äußerte, „vielleicht ehrlich" zu antworten und vier „eher unehrlich", wenn sie den Sachverhalt getan hätten. Bei keinem einzigen Pbn wäre also, wenn er eine Waffe mit in die Schule gebracht hätte, mit einer zutreffenden Antwort zu rechnen.

5.2.3.3 Antworttendenzen Beobachter-, Opfer-, Täterteil

In Tabelle 28 sind die Häufigkeiten der Antworttendenzen für den Beobachter-, Opfer- und Täterteil sowie für die drei Teile insgesamt angegeben.

Tabelle 28: Einzelinterviews, Verfälschungstendenzen Beobachter-, Opfer-, Täterteil; absolut und Prozent

Teil:		Beobachter	Opfer	Täter	Gesamt
In jedem Fall	eher ehrlich	14 (38.9)	20 (55.6)	9 (25.0)	43 (39.8)
Realitätsebene	vielleicht ehrlich	13 (36.1)	3 (8.3)	2 (5.6)	18 (16.7)
	eher unehrlich	8 (22.2)	3 (8.3)	9 (25.0)	20 (18.5)
Irrealitätsebene	vielleicht ehrlich	0 (0.0)	4 (11.1)	5 (13.9)	9 (8.3)
	eher unehrlich	1 (2.8)	6 (16.7)	11 (30.6)	18 (16.7)
		36 (100.0)	36 (100.0)	36 (100.1)	108 (100.0)

(Prozentwerte in Klammern)

Im Beobachterteil geben die Pbn insgesamt 14-mal (38.9 % der Antworten) an, in jedem Fall eher ehrlich zu antworten, im Opferteil 20 mal (55.6 %) und beim Täterteil 9 mal (25.0 %). Insgesamt signalisieren die Pbn 43 mal (39.8 %), in jedem Fall eher ehrlich zu antworten. Die Anzahl der real eher unehrlichen Antworten liegt im Beobachterteil bei 8 (22.2 %), im Opferteil bei 3 (8.3 %) und bezüglich des Täterteils bei 9 (25.0 %). Lässt man die „vielleicht ehrlichen" Antworten außer Betracht, werden im Beobachter- und im Täterteil immerhin noch ca. ein Viertel der Antworten real eher unehrlich beantwortet. Hierzu kommt im Beobachteranteil noch ein hoher Anteil von 13 (36.1 %) vielleicht ehrlicher Antworten.

Interessant sind auch die auf der Irrealitätsebene geäußerten Verfälschungstendenzen im Opfer- und im Täterteil. Ob bei diesen Fragen eher ehrlich oder vielleicht ehrlich geantwortet wird, hängt davon ab, ob den Pbn die Sachverhalte passiert sind bzw. die Pbn sie getan haben. Vielleicht ehrliche bzw. eher unehrliche Antworten sind also gerade dann in größerem Maße zu erwarten, wenn sich die zu Grunde gelegten Sachverhalte ereignet haben. In anderen Worten: Je mehr Fragen nach Gewalthandlungen eigentlich zu bejahen wären, desto mehr vielleicht ehrliche und eher unehrliche Antworten sind in diesen beiden Teilen zu erwarten.

5.2.3.4 Gesamtüberblick Antworttendenzen

In Tabelle 29 ist für jeden Pbn angegeben, bei welcher Frage welche Verfälschungstendenz geäußert wurde (vgl. Anhang F: Übersicht über die Kodierungen sowie Anhang E: Interviewtranskripte).

Tabelle 29: Gesamtüberblick Verfälschungstendenzen, nach Pbn und
Einzelfragen

Verfälschungstendenzen (vielleicht ehrlich/eher unehrlich)									
	Proband:								
Frage:	1	2	3	4	5	6	7	8	9
B1		VE REAL			VE REAL	VE REAL	EU REAL	VE REAL	
B2		VE REAL		VE REAL	VE REAL			VE REAL	VE REAL
B3				VE REAL	VE REAL	EU REAL	EU REAL	VE REAL	
B4	EU REAL			EU REAL	*EU IRREAL*	EU REAL	EU REAL	EU REAL	VE REAL

Verfälschungstendenzen (vielleicht ehrlich/eher unehrlich)

Proband:									
Frage:	1	2	3	4	5	6	7	8	9
P1				**VE** **REAL**	*EU* *IRREAL*		*EU* *IRREAL*	**VE** **REAL**	*EU* **REAL**
P2							*EU* *IRREAL*	*EU* **REAL**	*VE* *IRREAL*
P3				*VE* *IRREAL*	*EU* *IRREAL*			*VE* *IRREAL*	*VE* *IRREAL*
P4	*EU* *IRRE-AL*			**VE** **REAL**	*EU* *IRREAL*			*EU* **REAL**	
G1	**EU** **REAL**			**EU** **REAL**		**VE** **REAL**	**VE** **REAL**		
G2	*EU* *IRRE-AL*			*EU* *IRREAL*	*EU* *IRREAL*	*EU* *IRREAL*	*EU* *IRREAL*	*EU* **REAL**	*VE* *IRREAL*
G3	*EU* *IRRE-AL*			*EU* *IRREAL*	*EU* *IRREAL*	**EU** **REAL**	*EU* *IRREAL*	*EU* **REAL**	*VE* *IRREAL*
G4	*EU* *IRRE-AL*	*EU* *IRREAL*	*VE* *IRREAL*	**EU** **REAL**	*EU* *IRREAL*	**EU** **REAL**	**EU** **REAL**	**EU** **REAL**	*EU* *IRREAL*

EU = eher unehrlich, VE = vielleicht ehrlich, **REAL** = auf Realitätsebene, *IRREAL* = auf Irrealitätsebene

Zu Äußerungen, welche die „Irrealitätsebene" betreffen, ist noch Folgendes zu sagen: Der Fragebogen spricht lediglich die „Realitätsebene" an. Wollte man sich strikt an die Anweisungen halten, so müsste die „Irrealitätsebene" unbeachtet bleiben. Daher wäre zu überlegen, welche Gedanken den Pbn Anlässe geboten haben mögen, dennoch die „Irrealitätsebene" mit einzubeziehen. Zunächst könnte daran gedacht werden, dass der Befragungsbogen zu oberflächlich bearbeitet worden wäre. Dies erscheint in Anbetracht der Vorgabe desselben eher unwahrscheinlich. Eine ungenügende Trennung der beiden Ebenen ist aus den Formulierungen der Items nicht ableitbar. Dies zeigen Antworten wie: „Ich habe das nicht gemacht (gesehen, erlebt) und insofern ehrlich." Eine Möglichkeit wäre die, dass die geschilderten Ereignisse jedem Pbn auf Grund des Schulalltags sehr geläufig sind und es folglich leicht fallen müsste, sich sehr realistisch vorzustellen, unmittelbar involviert zu sein. Von daher könnten die Grenzen zwischen Realitäts- und Irrealitätsebene verschwimmen. Es erscheint aber ebenfalls denkbar, dass reale Ereignisse ungern zugegeben werden (auch vor sich selbst) und daher durch eine Verschiebung auf die Irrealitätsebene eine Neutralisierung erfahren. In einem solchen Fall müssten die Pbn die geschilderten Erlebnisse tatsächlich beobachtet, (als Opfer) erlebt bzw. (als Täter) verursacht oder mit begangen haben. Von daher ließe sich am ehesten verstehen, weshalb Pbn angeben, was sie in einem Fragebogen ankreuzen würden, wenn sie dieses oder jenes beobachtet, erlebt oder verursacht hätten, obwohl solche Überlegungen auf Grund der vorgegebenen Items keineswegs erforderlich sind. Auf jeden Fall weisen solche Unsicherheiten auf *mögliche* Verfälschungen unter *eventuell* gegebenen Bedingungen hin. Äußerungen in den Interviews sprechen für eine solche Sichtweise, wenn etwa die Entscheidung für die Alternative „vielleicht ehrlich" mit der Feststellung begründet wird, „wenn ich das gesehen (erlebt, getan) hätte, *dann* ...". Derartige Aussagen wurden im Interview auch korrigierend gegenüber Feststellungen im Befragungsbogen getroffen, sowohl „eher ehrlich" als auch „eher unehrlich" betreffend. Erfolgt im Interview in einem solchen Fall eine derartige (relativierende) Begründung ohne ausdrückliche Erwähnung der Alternative „*vielleicht* ehrlich", so ist dennoch eine nachträgliche Verschiebung in Richtung eben dieser eindeutigeren Antwortmöglichkeit zu vermuten.

Relativierende Korrekturen im Interview – unabhängig davon in welcher Richtung – kamen in 16 Fällen vor (Proband 1 und 2 bei G4; Proband 6 bei B2, G1, G2; Proband 7 bei B2, P3, G2, G3; Proband 8 bei G3; Proband 9 bei P2, P3, G2, G4). Es gab jedoch auch ausdrückliche nachträgliche Verschiebungen in Richtung „eher unehrlich" bzw. eindeutiger Verfälschungen (13 Fälle: Proband 1 bei P4; Proband 5 bei B2, B3; Proband 6 bei B1, B4, G3, G4; Proband 7 bei B1, B3, B4; Proband 8 bei P4, G2, G4). Nur in einem einzigen (!) Fall kam es zu einer nachträglichen Korrektur von „vielleicht ehrlich" zu „eher ehrlich" (Proband 9 bei B4). Somit zeigt sich, dass auch der Befragungsbogen offenbar kein völlig realitätsentsprechendes Bild vermitteln konnte. Nimmt man bezüglich der Tabellen 6 bis 20 lediglich für die 9 interviewten Pbn die im Gespräch nachträglich erfolgten Korrekturen der Feststellungen im Befragungsbogen vor, so ergeben sich die in Tabelle 30 zusammengestellten Häufigkeiten.

Die Tabelle 30 beinhaltet also Minimalkorrekturen der Probandenangaben auf Grund der Interviews im Befragungsbogen. Dabei handelt es sich um Mindestwerte, Schätzungen, die in Anbetracht weiterer anzunehmender Änderungen der zunächst angekreuzten Alternativen im Laufe des anschließenden Gesprächs, falls sämtliche Teilnehmerinnen und Teilnehmer interviewt worden wären, noch immer insgesamt eine größere Ehrlichkeit bedeuten als es der Realität entspräche. Da bei den 9 Pbn, die an einem Interview teilgenommen haben nur ein einziges Mal eine nachträgliche Korrektur im Sinne größerer Ehrlichkeit vorgenommen wurde, darf vermutet werden, dass zusätzliche Gespräche mit anderen

Schülern zu weiteren Verschiebungen in Richtung Unehrlichkeit bzw. Verfälschungstendenzen geführt hätten. Aber bereits die in Tabelle 30 angegebenen
Mindestschätzungen der Ehrlichkeit lassen Anteile „eher ehrlicher" Antworten
über 50 % lediglich bei vier Items erkennen; mit Verfälschungstendenzen (einschließlich der Vielleicht-Ehrlich-Kategorie wie zuletzt definiert) größer 50 %
muss man dagegen bei sieben Items rechnen; in sechs Fällen liegt dieser Anteil
über 60 %. Was das Mitbringen einer Waffe betrifft (Item G4), so sind Verfälschungen bei über 80 % der Antworten zu vermuten. Im Übrigen zeigten die
Interviews, dass die Beantwortungsmöglichkeit „vielleicht ehrlich" zwar eine
gewisse Unsicherheit signalisieren mochte, die Tendenz zur Unehrlichkeit dabei
aber unübersehbar war. Dies rechtfertigt im Nachhinein die entsprechende Inter-
pretation. In diesem Zusammenhang wäre auch nochmals darauf hinzuweisen,
dass offenbar der Opferstatus nicht generell leichter zugegeben wird als eigene
sozial unerwünschte Taten.

Tabelle 30: Häufigkeiten des Befragungsbogens, korrigiert um die
nachträglichen Relativierungen der 9 interviewten Pbn

	eher ehrlich		vielleicht ehrlich		eher unehrlich/ außerdem verfäl- schend		vielleicht ehrlich + eher unehrlich/ außerdem verfäl- schend	
B1	13	(36.1)	10	(27.8)	13	(36.1)	23	(63.9)
B2	19	(52.8)	10	(27.8)	7	(19.4)	17	(47.2)
B3	11	(30.6)	16	(44.4)	9	(25.0)	25	(69.4)
B4	8	(22.2)	10	(27.8)	18	(50.0)	28	(77.8)
P1	18	(50.0)	8	(22.2)	10	(27.8)	18	(50.0)
P2	24	(66.7)	6	(16.7)	6	(16.7)	12	(33.3)
P3	17	(47.2)	10	(27.8)	9	(25.0)	19	(52.8)
P4	21	(58.3)	8	(22.2)	7	(19.4)	15	(41.7)
G1	22	(61.1)	7	(19.4)	7	(19.4)	14	(38.9)
G2	13	(36.1)	14	(38.9)	9	(25.0)	23	(63.9)
G3	13	(36.1)	8	(22.2)	15	(41.7)	23	(63.9)
G4	6	(16.7)	10	(27.8)	20	(55.6)	30	(83.3)

(Prozentwerte in Klammern)

5.2.4   Ergebnisse zu den bei der Gruppendiskussion genannten Gründe

Bei der Diskussion im Klassenrahmen nannten die Schülerinnen und Schüler
verschiedene Gründe, warum man bei Befragungen eventuell nicht ganz ehrlich
antworten würde (vgl. 4.2.2). In den Interviews wurden die Pbn gefragt, ob auch
sie aus den genannten Gründen Sachverhalte in Befragungen verschweigen würden. Die genauen Frageformulierungen lauteten (Abkürzungen in Klammern; sie
werden auch im Folgenden verwendet):

- Als ich bei euch in der Klasse war, haben wir ja gemeinsam diskutiert, warum man in einem Fragebogen vielleicht nicht ganz ehrlich antwortet. Dabei
  wurden einige Gründe genannt, warum man Sachen, die passiert sind, vielleicht verschweigt.
- **(Gründe Gruppendiskussion/Petze)**: Ein Grund war, dass man Sachen,
  die passiert sind, nicht ankreuzt, weil man sich sonst als Petze fühlt. Wie ist
  das bei dir? Würdest du Sachen in einem Fragebogen verschweigen, um dir
  nicht wie eine Petze vorzukommen?
- **(Gründe Gruppendiskussion/Überwachung)**: Dann wurde noch gesagt,
  dass es eine stärkere Überwachung der Schule durch die Polizei oder die
  Lehrer geben könnte, wenn herauskommt, was an der Schule so passiert.
  Dass man das nicht will und deswegen nicht ganz ehrlich antwortet. Wie ist
  das bei dir? Würdest du deswegen Sachen in einem Fragebogen verschweigen?
- **(Gründe Gruppendiskussion/Ruf der Schule)**: Dann wurde noch gesagt,
  dass die Schule einen schlechten Ruf bekommen könnte und man deswegen
  vielleicht Nachteile bei einer Bewerbung hat. Wie ist das bei dir? Würdest
  du wegen dem Ruf der Schule Sachen in einem Fragebogen verschweigen?
- **(Gründe Gruppendiskussion/Opfer)**: Dann wurde noch gesagt, dass man
  Sachen, die einem passiert sind, verschweigt, weil es einen an die Situation
  erinnert. Dass man ankreuzt, es sei nichts gewesen, weil man sich dann
  nicht als Opfer fühlt. Wie ist das bei dir? Würdest du Sachen, die dir passiert sind, verschweigen, um dich nicht als Opfer zu fühlen?

Als Antwort gaben vier Pbn an, dass sie Fakten verschweigen würden, die sie bei
anderen gesehen haben, um sich nicht wie eine Petze vorzukommen. Drei Teil-
nehmer würden Dinge verschweigen, die ihnen passiert sind, um sich nicht als
Opfer zu fühlen. Um zu verhindern, dass es eine stärkere Überwachung der
Schule gibt, würden drei Pbn Vorfälle verschweigen. Für zwei Schüler stellt die
Sorge um den Ruf der Schule in Verbindung mit befürchteten beruflichen
Nachteilen einen Grund dar, Sachverhalte zu verschweigen (siehe Tabelle 31).

Tabelle 31: Einzelinterviews, Gründe Gruppendiskussion

Anzahl Pbn, bei denen Gründe zutreffen : (n=9)	
Gründe Gruppendiskussion/Petze	4
Gründe Gruppendiskussion/Opfer	3
Gründe Gruppendiskussion/Überwachung	3
Gründe Gruppendiskussion/Ruf der Schule	2

(Abkürzungen siehe oben)

5.2.5 Begründungen für Verfälschungstendenzen

Die Begründungen, welche die Schülerinnen und Schüler für die geäußerten eigenen Verfälschungstendenzen (vielleicht ehrlich/eher unehrlich) angaben, wurden einer qualitativen Inhaltsanalyse unterzogen. In einem induktiven Vorgehen wurden 11 Kategorien entwickelt (Abkürzung in Klammern):

- **Konflikt mit Tätern (KMT):** Proband will Konflikt mit den Tätern vermeiden (wegen unzureichender Anonymität im Klassenverband).
- **Als Opfer dastehen (AOD):** Proband will vor anderen nicht als Opfer dastehen (wegen unzureichender Anonymität im Klassenverband).
- **Als Petze dastehen (APD):** Proband will vor anderen nicht als Petze dastehen (wegen unzureichender Anonymität im Klassenverband).
- **Freunde belasten (FBE):** Proband will Freunde nicht belasten.
- **Sich selbst belasten (SSB):** Proband will sich selbst nicht belasten (wegen unzureichender Anonymität im Klassenverband/auf Grund von durch die Befragungsergebnisse ausgelösten Nachforschungen/indem es irgendwie herauskommt).
- **Ruf der Schule (RDS):** Proband fürchtet berufliche oder soziale Nachteile durch schlechten Ruf der Schule.
- **Stärkere Überwachung (STÜ):** Proband fürchtet, Umfrageergebnisse könnten zu stärkerer Überwachung der Schule führen.
- **Scham (SCH):** Proband schämt sich seiner Tat (vor sich selber und/oder vor den anderen wegen unzureichender Anonymität im Klassenverband).
- **Bagatellisierung (BAG):** Proband kreuzt Vorfälle, die er beobachtet hat, nicht an, weil er sie persönlich als nicht so schlimm bewertet.
- **Aufmerksam machen (AMA):** Proband will auf Vorfälle aufmerksam machen, die er beobachtet hat (bzw. die ihm passiert sind). Deswegen

kreuzt er an, dass sie ihm passiert sind (bzw. er sie getan hat), obwohl das nicht zutrifft (Irrealitätsebene, siehe 5.2.3).
- **Unernste Bearbeitung (UBE):** Proband nimmt Befragung nicht ernst und kreuzt willkürlich irgendetwas an.

Die Kategorie **Konflikt mit den Tätern** bedeutet, dass der Proband Sachverhalte, der er beobachtet hat oder die ihm passiert sind, nicht ankreuzt, weil er Angst hat, dass die Täter davon Kenntnis erlangen. Er fürchtet, dass daraus Konflikte mit den Tätern entstehen könnten. Diese Begründung wird bei insgesamt drei Pbn erwähnt, auf der Realitätsebene bei dreien, auf der Irrealitätsebene bei einem Pb. Die Kategorie **Als Opfer dastehen** bedeutet, dass der Schüler Sachverhalte, die ihm passiert sind, nicht ankreuzt, weil er fürchtet, dass andere in der Klasse davon erfahren. Es wäre ihm unangenehm, vor den anderen als Opfer dazustehen. Diese Begründung wird insgesamt von drei Pbn erwähnt, und zwar ausschließlich auf der Irrealitätsebene. Die Kategorie **Als Petze dastehen** bedeutet, dass der Schüler Sachverhalte, die er beobachtet hat, nicht ankreuzt, weil er fürchtet, dass andere dies sehen und er dann als Petze gilt. Diese Begründung wird bei einem Pb auf der Realitätsebene gegeben. Die Kategorie **Freunde belasten** bedeutet, dass der Schüler Sachverhalte, die er gesehen hat, nicht ankreuzt, weil er fürchtet, sonst eventuell Freunde zu belasten, die diese Sachverhalte ebenfalls begangen haben. Diese Begründung wird insgesamt von fünf Pbn erwähnt, bei fünfen auf der Realitätsebene und einem auf der Irrealitätsebene. Die Kategorie **Sich selbst belasten** bedeutet, dass der Betroffene Sachverhalte nicht ankreuzt, weil er fürchtet, es könnte herauskommen, dass er der Täter war. Dies könnte dadurch geschehen, dass jemand in der Klasse sieht, was er ankreuzt oder dass auf Grund der Umfrageergebnisse Nachforschungen angestellt werden. Diese Begründung wird insgesamt von neun Pbn erwähnt, in fünf Fällen auf der Realitätsebene und in neun auf der Irrealitätsebene. Die Kategorie **Ruf der Schule** bedeutet, dass der Schüler Sachverhalte nicht ankreuzt, weil er fürchtet, dass dies negative Auswirkungen auf den Ruf der Schule hat. Der Proband hat Angst, dass er dadurch berufliche oder soziale Nachteile hätte. Diese Begründung wird insgesamt von zwei Schülern erwähnt, bei zweien auf der Realitäts- und einem auf der Irrealitätsebene. Die Kategorie **Stärkere Überwachung** bedeutet, dass der Proband Sachverhalte nicht ankreuzt, weil er befürchtet, dass dies zu einer stärkeren Überwachung durch Lehrer oder Polizei (mehr Pausenaufsichten, Kontrollen) führen könnte. Diese Begründung wird insgesamt von zwei Schülern auf der Realitätsebene gegeben. Die Kategorie **Scham** bedeutet, dass der Proband Sachverhalte, die er getan hat, nicht ankreuzt, weil er sich dafür schämt. Dies kann konkret mit der Befürchtung verbunden sein, dass jemand sieht, was er ankreuzt. Diese Begründung wird insgesamt von drei Pbn erwähnt, bei einem auf der Realitätsebene und zweien auf der Irrealitätsebene. Die Kategorie **Bagatellisierung** bedeutet, dass man Sachverhalte nicht ankreuzt, weil sie als nicht so schlimm bewertet werden. Diese Begründung wird von einem Pb auf der Realitätsebene gegeben. Die Kategorie **Aufmerksam machen** bedeutet, dass ein Schüler auf Vorfälle aufmerksam machen will, die er beobachtet hat (bzw. die ihm passiert sind). Deswegen kreuzt er an, dass sie ihm passiert sind (bzw. er sie getan hat), obwohl das nicht zutrifft. Hier werden im Gegensatz zu den Kategorien zuvor also nicht Sachverhalte verschwiegen, sondern solche angekreuzt, die sich so nicht ereignet haben. Diese Begründung wird bei insgesamt zwei Pbn auf der Realitätsebene erwähnt. Die Kategorie **Unernste Bearbeitung** bedeutet, dass man den Fragebogen eventuell nicht ernst nehmen würde und einfach (z.B. „so aus Spaß") willkürlich irgendwelche Antworten ankreuzt. Diese Verfälschungstendenz bezieht sich dann nicht konkret auf einzelne Fragen, sondern würde den gesamten Fragebogen betreffen. Die Möglichkeit der generell unernsten Bearbeitung erwähnen zwei Schüler. Die Häufigkeiten, bei wie vielen Pbn die jeweiligen Kategorien Verwendung finden, sind in Tabelle 32 wiedergegeben.

Tabelle 32: Begründungen für Verfälschungstendenzen (vielleicht ehrlich/eher unehrlich) – Anzahl Pbn

Anzahl Pbn, bei denen die einzelnen Begründungen genannt werden (n=9):

	KMT	AOD	APD	FBE	SSB	RDS	STÜ	SCH	BAG	AMA	UBE
Realitäts- ebene	3	0	1	5	5	2	2	1	1	2	2
Irrealitäts- ebene	1	3	0	1	9	1	0	2	0	0	0
Insgesamt[37]	3	3	1	5	9	2	2	3	1	2	2

(Abkürzungen: siehe oben)

Den insgesamt 65 Fragen, bei denen die Pbn Verfälschungstendenzen äußerten, wurden 78-mal Kategorien zugeordnet (vgl. Anhang F: Übersicht über die Kodierungen sowie Anhang E: Interviewtranskripte). Welche Kategorie wie oft Verwendung fand, kann Tabelle 33 entnommen werden.[38]

---

[37] Die Zeile Insgesamt entspricht hier nicht zwingend der Summe der Zeilen Realitätsebene und Irrealitätsebene.

[38] In dieser Übersicht fehlt UBE (Unernste Bearbeitung), da in Zusammenhang mit dieser Kategorie eine Betrachtung der Häufigkeiten bezüglich bestimmter Fragen keinen Sinn macht. Trifft es zu, dass die Pbn willkürlich antworten, so bezieht sich das potentiell auf alle Fragen.

Tabelle 33: Begründungen für Verfälschungstendenzen (vielleicht ehrlich/eher
unehrlich) – Häufigkeiten

Häufigkeiten der Kategorien:

	KMT	AOD	APD	FBE	SSB	RDS	STÜ	SCH	BAG	AMA	Ge-samt
Realitäts-ebene	6	0	1	9	15	5	4	1	6	2	49
Irrealitäts-ebene	2	7	0	1	16	1	0	2	0	0	29
Insgesamt	8	7	1	10	31	6	4	3	6	2	78

(Abkürzungen: siehe oben)

Diese Betrachtung von reinen Häufigkeiten kann jedoch nur ein ungefähres Bild
der Bedeutung der einzelnen Kategorien liefern. Es spielt natürlich eine nicht
unwesentliche Rolle, ob diese Begründungen jeweils im Beobachter-, Opfer-
oder Täterteil gegeben wurden. Auch ist eine strenge Zuordnung der Kategorien
zu den einzelnen Fragen nur bedingt sinnvoll. Es empfiehlt sich, diese Kategorien jeweils konkret am Gesamtbild des Einzelfalls zu betrachten. Dies ist anhand von Tabelle 34 möglich. Sie gibt einen Überblick, welche Begründungen
für Verfälschungstendenzen von den einzelnen Pbn gegeben wurden (vgl. Anhang F: Übersicht über die Kodierungen sowie Anhang E: Interviewtranskripte).
Eine inhaltliche Diskussion der einzelnen Kategorien findet sich in 6.2.

Es wird deutlich, dass bei den Begründungen situationsspezifische Gegebenheiten als ausschlaggebend angesehen werden. Vier der interviewten Pbn
betonen dies ausdrücklich (Pbn 2,6,7,8); von diesen verwendeten drei sogar den
Begriff „Situation" (ausführlich siehe 6.2).

Tabelle 34: Gesamtübersicht Begründungen, nach Pbn und Einzelfragen

Frage:	Proband: 1	2	3	4	5	6	7	8	9
B1		**FBE**			**RDS**	**SSB/FBE**	**SSB/FBE**	**FBE**	
B2		**KMT/ APD**		**FBE**	**RDS**			**SSB**	**RDS**
B3				**KMT**	**RDS**	**SSB/FBE**	**FBE**	**SSB**	
B4	**KMT**			**KMT**	*RDS*	**STÜ**	**STÜ**	**BAG**	**RDS**
P1				**KMT**	*AOD*		*AOD*	**SSB**	**AMA**
P2							*AOD*	**BAG/SSB**	*AOD*
P3				*KMT*	*AOD*			**SSB**	*AOD*
P4	*KMT*			**KMT**	*AOD*			**BAG**	
G1	**SSB**			**AMA**		**SSB**	**SSB/FBE/ SCH**		
G2	*SSB*			*SSB*	*SSB*	**SSB**	**SSB/FBE**	**BAG**	*SCH*
G3	*SSB*			*SSB/S CH*	*SSB*	**SSB**	**SSB**	**BAG**	*SSB*
G4	*SSB*	*SSB*	*SSB*	**SSB**	*SSB*	**SSB/STÜ**	**STÜ/SSB/ FBE**	**BAG/SSB**	*SSB*
						UBE	**UBE**		

Fettschrift = auf Realitätsebene, *Kursivschrift* = auf Irrealitätsebene, Abkürzungen siehe oben

6 Diskussion zur Hauptuntersuchung

6.1 Die Frage der Anonymität von Erhebungen im Klassenverband

Informationen zum Thema Gewalt an Schulen werden in der Regel mit Fragebögen gewonnen. Neben ökonomischen Aspekten wird dabei davon ausgegangen, dass dieses Vorgehen wegen der hohen Anonymität gerade bei der Erforschung sozial unerwünschter Themenbereiche einen Vorteil darstellt (vgl. Kapitel 2). Was genau bedeutet aber die Aussage, ein Fragebogen sei anonym? Anonym bedeutet zunächst nichts anderes als namenlos bzw. ohne Namen. Ein anonymer Fragebogen ist also einer, auf dem der Proband seinen Namen nicht hinterlässt und somit nach der Abgabe keinem bestimmten Individuum zugeordnet werden kann (*Anonymität bei der Auswertung*). Damit ist aber keine Aussage über die Bedingungen getroffen, unter denen dieser Fragebogen ausgefüllt wurde (*Anonymität in der Befragungssituation*). Ohne Zweifel zeichnen sich Schulbefragungen mittels Fragebogen so gut wie immer durch Anonymität zwischen Untersucher und Befragten aus. Daraus darf aber aus verschiedenen Gründen nicht der Schluss gezogen werden, Antworttendenzen wie zum Beispiel die soziale Erwünschtheit würden deswegen keine Rolle spielen.

Die besondere Rolle der Peergroup, gerade in Zusammenhang mit deviantem und delinquentem Verhalten ist Gegenstand zahlreicher Untersuchungen (vgl. Montada, 1998; Oerter & Dreher, 1998; Silbereisen, 1998; Köllisch & Oberwittler, 2004). „Durch Interaktion mit den Peers definieren Jugendliche nach und nach die soziale Komponente ihrer sich entwickelnden Identität und legen fest, was für ein Mensch sie sein wollen und welche Art von Beziehungen sie haben wollen" (Berndt, 1992, zitiert nach Zimbardo & Gerrig, 1999, S. 494). Somit dürfte für Jugendliche neben der Anonymität gegenüber dem Untersucher (*Anonymität gegenüber Erwachsenen*) gerade die Anonymität gegenüber den anderen Befragten (*Anonymität gegenüber der Peergroup*) eine nicht unwesentliche Rolle spielen (Köllisch & Oberwittler, 2004).

Wie aber steht es um die Anonymität zwischen den einzelnen Befragten? Viele der von den Schülern geäußerten Verfälschungstendenzen sind verbunden mit der Befürchtung, dass jemand aus der Klasse, beispielsweise der Banknachbar, Einsicht in den eigenen Fragebogen nehmen könnte (siehe Köllisch & Oberwittler, 2004).

Wenn die rausfinden, dass ich's war. Dass die sauer sind. Dass die was machen. Die sagen dann: Nur wegen dir habe ich einen Verweis bekommen oder so. *Jetzt sollst du ja auf so einem Fragebogen keine Namen nennen, wer so etwas macht, wer Waffen mitnimmt.* – Wenn die Lehrer halt aufpassen. Wenn die die dann erwischen. Dann sagen die: Warum hast du angekreuzt? *Du hättest Angst, dass du Ärger mit denen bekommst? Wenn sie erwischt werden?* – Ja, schon. Vielleicht wird er dann rausgeschmissen. Wenn er dann Rache will.
(Proband 1, 156-167) [39]

Weil... wenn es einer sieht, dann weiß es eh gleich wieder die ganze Klasse.
(Proband 2, 140-141)

Der Fragebogen ist aber doch anonym. Dann kann man doch vor den anderen eigentlich gar nicht blöd dastehen? – Ja, das ist auch wieder wahr. Aber es kann halt schon sein, dass es jemand sieht. Zum Beispiel meine Nachbarin. Dann will sie bestimmt mehr wissen. *Kann die denn sehen, was du ankreuzt?* – Wenn sie will, dann sieht sie es schon. Die sitzt ja direkt neben mir."
(Proband 9, 362 -370)

Dies könnte nach Meinung einiger Pbn darüber hinaus auch zu einer Verletzung der Anonymität gegenüber Erwachsenen führen:

Weil, wenn des einer rauskriegt, dann könnt er dich hinhängen. Da könnt er dich verpfeifen, bei deinem Lehrer, oder ich weiß ja nicht, bei deinen Eltern oder so. *Wer könnte dich denn da verpfeifen?* – Einer aus der Klasse halt, der mich nicht mag. Der der Lehrerin sagt, was ich angekreuzt hab.
(Proband 2, 520-526)

Vielleicht sieht's jemand, wenn ich's ankreuze. Dann sagt er's vielleicht der Lehrerin. Besser nicht.
(Proband 1, 341-342)

Diese Möglichkeit ist bei Befragungen im Klassenverband auch nicht von der Hand zu weisen. Die meisten Befragten sitzen dabei zu zweit an einem Tisch und es ist davon auszugehen, dass Schüler über eine gewisse Fertigkeit darin verfügen, den Arbeitsplatz des Banknachbarn zu beobachten. (Um es deutlicher mit den Worten eines dazu befragten Lehrers auszudrücken: Wenn die Schüler eines mit Sicherheit in der Schule lernen, dann ist es Abschauen.) Diesem Umstand

---

[39] Die zitierten Textstellen stammen aus den Transkripten der Einzelinterviews. Gemäß der Schreibweise in den Transkripten sind die Äußerungen des Interviewers in Kursivschrift, die des Pb in normaler Schrift wiedergegeben. Die Probanden- und Zeilennummern verweisen auf die jeweiligen Stellen in den Transkripten im Anhang E.

wird im Unterrichtsbetrieb ja zumindest bei wichtigeren Prüfungen auch Rechnung getragen, indem beispielsweise Bücher oder Ordner als Sichtblenden auf die Bänke gestellt werden oder die Klasse in zwei Gruppen geteilt wird, die unterschiedliche Aufgaben zu bearbeiten haben; Abschlussprüfungen werden in Räumlichkeiten durchgeführt, bei denen jeder Prüfling außer Sichtweite der Antworten seines Nachbarn sitzt. Genau genommen kann also bei Schulbefragungen im Allgemeinen nicht davon gesprochen werden, dass Fragebögen anonym *ausgefüllt* werden, sondern lediglich davon, dass sie anonym abgegeben bzw. ausgewertet werden. Auf Grund mangelnder Anonymität in der Befragungssituation kann es also zu einer Verletzung der Anonymität gegenüber der Peergroup kommen. Oberwittler & Naplava (2002) bzw. Naplava & Oberwittler (2002) weisen darauf hin, dass dies Hemmungen des Antwortverhaltens hervorrufen könnte (siehe auch Köllisch & Oberwittler, 2004). Andere Verfälschungstendenzen sind weniger mit der Sorge um Verletzung der *Anonymität des Individuums* verbunden als mit der durchaus nahe liegenden Befürchtung, dass Umfrageergebnisse der Gruppe als Ganzes (der Klasse oder der Schule) zugeordnet werden können (*Anonymität des Kollektivs*), wodurch dann wieder individuelle Nachteile entstehen mögen. So zum Beispiel bei der Vermutung, dass Umfrageergebnisse stärkere Überwachung oder eine Verschlechterung des Rufs der Schule zur Folge haben könnten.

> Weil... des könnt wieder auf mich zurückkommen. Auch wenn des jetzt nicht direkt auf zurückkommt. Aber auf die Schule... oder die Klasse vielleicht würde des zurückkommen. So was gibt immer Ärger. Muss ja nicht sein.
> (Proband 6, 444 – 446)

> Ja, ich hab das angekreuzt, weil... wenn ich später mal einen Beruf will, dann steht sie [die Schule] schlecht da. Dann denkt der, ich bin genauso. Dann nehmen die mich nicht.
> (Proband 5, 44-45)

> Ja, des ist schon blöd. Wenn dich jetzt jemand fragt: „Welche Schule gehst du?" und du sagst den Namen, dann kommt des schon blöd. Nicht jetzt wegen der Schule, sondern wegen dir.
> (Proband 3, 71-73)

Bei einigen Pbn finden sich auch Zweifel hinsichtlich der Anonymität bei der Auswertung, also die Sorge, dass man dabei irgendwie herausfinden könnte, was sie angekreuzt haben.

> Ja, wenn ich es gemacht hätte, dann würde ich nicht ehrlich antworten. Da denkt man sich, das könnte man rausfinden, obwohl es so... so anonym ist. Dass man es

trotzdem rausfindet. *Und wenn dir derjenige, der die Befragung durchführt, versichert, dass der Fragebogen wirklich anonym ist? Dass hinterher niemand herausfinden kann, was du angekreuzt hast?* – Ich weiß nicht. Ich wäre mir nicht sicher. (Proband 5, 355-361)

Naplava & Oberwittler (2002) beschreiben die Vorteile von Schulbefragungen hinsichtlich der Anonymität folgendermaßen:

> Der Interviewer tritt einem Kollektiv ihm unbekannter Schüler und Schülerinnen gegenüber und bleibt während der schriftlichen Befragung in einer relativen großen Distanz zu den einzelnen Befragten. Unter diesen Bedingungen ist den Befragten plausibel zu vermitteln, dass ihre Angaben vertraulich behandelt und nicht persönlich zugeordnet werden.
> (Naplava & Oberwitter, 2002, S. 404)

Die Tatsache, dass der Interviewer den Schülern unbekannt ist, schafft jedoch keineswegs bei allen Pbn Vertrauen hinsichtlich des Umgangs mit ihren Angaben. Zwei Schüler schilderten, dass die Person des Interviewers für sie eine wichtige Rolle spielt und es für sie wichtig wäre, ihn zumindest etwas kennen zu lernen. Würde ein Fragebogen gar lediglich durch den Lehrer verteilt, würde bei ihnen das Misstrauen überwiegen.

> Ja, ich würde halt nicht mit jedem darüber sprechen. Kommt drauf an, wer des wissen will. *Es kommt drauf an, wer das wissen will?* – Ja. Weil, ich muss den ja auch bisschen wenigstens kennen. Der muss sich ja auch ein bisschen vorstellen. Nicht nur: Hier Fragebogen, ausfüllen. *Meistens werden solche Befragungen ja so durchgeführt, dass ein Fragebogen von außerhalb an die Schule kommt und die Lehrerin verteilt ihn dann. Das ist ja die Situation, die wir uns vorstellen. Du würdest denjenigen also gar nicht sehen, von dem der Fragebogen kommt.* – Da tät ich gar nicht... da tät ich einfach nur so schnell wie möglich ankreuzen und: Hier ist der Fragebogen, fertig. Irgendwas, dass es schnell vorbei ist.
> (Proband 6, 50 – 62)

> *Kommt es auch auf die Person an? Auf den, der die Befragung durchführt?* – Ja, ja. Man kann sehen, wie einer redet. Man kann sehen, ob er sich gut macht. Ob er schauspielert oder so. Wenn er mit einem guten.... mit einem gutem Aura reinkommt... dann nimmt man es ein bisschen lockerer. Wenn ich weiß, der will nicht... der will mich nicht linken. Dann fällt einem des leichter, was zuzugeben. Wenn er das auch gut rüberbringt. *Bei der Situation, die wir uns vorstellen, würdest du denjenigen ja nicht selber sehen. Da kommt ein Fragebogen von außerhalb an die Schule und die Lehrerin verteilt ihn an euch und sammelt ihn wieder ein.* – Dann wäre ich vorsichtig. Man könnte sich selber schaden.
> (Proband 7, 280 – 291)

Beide Pbn können übrigens auf Grund der Fremd- und Selbstbeurteilung (vgl. Tabelle 25) als Täter bezeichnet werden. Das Misstrauen, welches Untersuchern insbesondere von Pbn mit devianten Verhaltensweisen entgegengebracht wird, beschreibt Becker (zitiert nach Gatzemann, 2000) wie folgt:

> Es ist nicht leicht, Menschen mit abweichendem Verhalten zu studieren. Weil sie von der übrigen Gesellschaft als Außenseiter betrachtet werden und weil sie selbst dazu neigen, die übrige Gesellschaft als Außenseiter zu betrachten, hat der Untersucher eine große Barriere zu überwinden, ehe es ihm erlaubt wird, die Dinge zu beobachten, die er beobachten will. Wer abweichendes Verhalten untersucht, muss diejenigen, welche er untersucht, überzeugen, dass er ihnen nicht gefährlich wird, dass sie aufgrund dessen, was sie ihm offenbaren, kein Ungemach erdulden werden. Der Untersucher muss daher mit den abweichenden Menschen, die er untersuchen will, intensiv und kontinuierlich zusammen sein, so dass sie ihn gut genug kennen, um einschätzen zu können, ob seine Tätigkeit die ihre nachteilig berühren wird.
> (Becker, zitiert nach Gatzemann, 2000, S. 34)

Vor allem bei Pbn, die selbst an Gewalthandlungen beteiligt sind, ist es also denkbar, dass gerade unter den Bedingungen eines Einzelinterviews mit *geringerer* Anonymität *größere Auskunftsbereitschaft*, auch bezüglich eigenen devianten Verhaltens, besteht als im Kontext einer Gruppenbefragung. Dies ist dann der Fall, wenn der Interviewer den intensiveren Kontakt zum Pb in einer solchen intimen Befragungssituation dazu nutzen kann, hinsichtlich der Anonymität bei der *Auswertung* sowie deren Folgenlosigkeit für den Befragten Vertrauen zu schaffen. Von daher wäre zu überlegen, inwieweit nicht nur bei Interviews sondern auch bei üblichen Fragebogenerhebungen die fehlende Bekanntheit des Untersuchers zu noch ausgeprägteren Verfälschungstendenzen führen mag als es unsere Daten vermuten lassen.

Die Verfälschungstendenzen der Pbn beruhen also zum Teil auf Befürchtungen, die mit unterschiedlichen Aspekten des Begriffs Anonymität zusammenhängen:

- Anonymität in der Befragungssituation vs. Anonymität bei der Auswertung
- Anonymität gegenüber der Peergroup vs. Anonymität gegenüber den Erwachsenen (Lehrer, Eltern, Interviewer)
- Anonymität des Individuums vs. Anonymität des Kollektivs (Klasse, Schule)

In Tabelle 35 sind die Kategorien der Verfälschungstendenzen, die mit Befürchtungen bezüglich der Anonymität verbunden sind, diesen verschiedenen Aspekten zugeordnet.

Tabelle 35: Kategorien bezüglich verschiedener Aspekte der Anonymität

Mangelnde Anonymität in der Befragungssituation oder mangelnde Anonymität bei der Auswertung führt zu Verletzungen der:		
	Anonymität gegenüber Erwachsenen	Anonymität gegenüber der Peergroup[40]
Anonymität des Individuums	SSB FBE	AOD APD KMT SCH
Anonymität des Kollektivs	RDS (berufliche Nachteile)[41] STÜ	RDS (soziale Nachteile)

Die Ergebnisse zeigen, dass seitens der Pbn Zweifel bezüglich verschiedener Aspekte der Anonymität von Befragungen bestehen und diese zu Verfälschungstendenzen führen können. Am deutlichsten zeigt sich das bei der Antwortbereitschaft auf die Frage g4 (...getan: Waffe mit in die Schule gebracht). Kein einziger Proband würde es ehrlich ankreuzen, wenn er eine Waffe mit in die Schule gebracht hätte. Hier hätten alle Angst, sich dadurch in irgendeiner Weise selbst zu schaden. Neben der Anonymität gegenüber dem Interviewer und somit den Erwachsenen spielt für die Pbn die Anonymität gegenüber der Peergroup eine wichtige Rolle bei Verfälschungstendenzen. Eine Anonymität gegenüber der Peergroup wäre allerdings bei Gruppenbefragungen im Klassenverband nur mit erheblichen Aufwand (eventuell Sichtblenden) zu gewährleisten und kann beim üblichen Procedere nicht als gesichert gelten. Somit darf auch nicht pauschal davon ausgegangen werden, dass sich Gruppenbefragungen mit Fragebögen gegenüber Einzelinterviews durch eine größere Anonymität auszeichnen (vgl. dagegen Köllisch & Oberwittler, 2004). Erstgenanntes Verfahren zeichnet sich durch eine größere Anonymität gegenüber dem Interviewer aus, zweitgenanntes hat den Vorteil der Anonymität gegenüber der Peergroup. Unter Umständen kann gerade bei einem Einzelinterview auf Grund des intensiveren persönlichen Kontakts dem Pb glaubhafter vermittelt werden, dass seine Angaben vertraulich behandelt und ihm nicht zum Nachteil gereichen werden.

---

[40] Die Kategorie SCH (Scham) besagt, dass man sich seiner Tat entweder vor sich selber oder vor anderen schämt und deswegen unehrlich antwortet. Sie ist also nicht in jedem Fall mit der Befürchtung verbunden, dass andere davon erfahren.

[41] Die Kategorie RDS bezieht sich entweder auf die Sorge, das ein schlechter Ruf der Schule zu beruflichen Nachteilen (Anonymität gegenüber Erwachsenen) oder zu sozialen Nachteilen gegenüber Gleichaltrigen im Sinne einer Stigmatisierung (Anonymität gegenüber der Peergroup) führt.

6.2 Diskussion der Verfälschungstendenzen

Im Folgenden wird eine Diskussion der Verfälschungstendenzen, welche die Pbn in den Einzelinterviews angegeben haben, anhand der Kategorien der qualitativen Inhaltsanalyse vorgenommen. Die Verfälschungstendenzen werden von den Pbn inter- sowie zum Teil auch intraindividuell (bei verschiedenen Fragen) höchst unterschiedlich begründet. Zum Teil werden klare, funktionale Bezüge formuliert, wie zum Beispiel das Vermeiden von Sanktionen seitens Erwachsener (beispielsweise Verweise bzw. stärkere Überwachung der Schule). Andere Kategorien beziehen sich stark auf die Darstellung gegenüber der Peergroup, beispielsweise dass die Pbn vor ihren Klassenkameraden nicht als Opfer bzw. Petze „dastehen" wollen. Die Möglichkeit, dass die Peergroup von den eigenen Antworten Kenntnis erlangt, ist in gewissem Umfang bei Befragungen gegeben. Unabhängig davon, ob dies objektiv der Fall ist, scheinen Normen und antizipierte Reaktionen der Peergroup in der Befragungssituation subjektiv eine große Rolle zu spielen.[42] Einige Verfälschungstendenzen bestehen unabhängig davon, ob die Pbn Verletzungen der Anonymität, wie sie oben diskutiert wurden, befürchten. So geben Pbn an, nicht ankreuzen zu wollen, was sie gesehen haben oder ihnen passiert ist, um *sich selbst* nicht als Petze oder als Opfer zu *fühlen*.

Deswegen scheint es sinnvoll, die Ergebnisse nicht nur im Hinblick auf bewusste Täuschung sondern auch unter dem Gesichtspunkt der Selbstdarstellung, beispielsweise gegenüber der Peergroup, zu betrachten. Schütz und Marcus (2004) diskutieren Verfälschungstendenzen in Befragungskontexten unter dem Gesichtspunkt der *gezielten Selbstdarstellung*. Als mögliche Funktionen der Selbstdarstellung werden die Regulation des Selbstwertgefühls, die der Emotionen, die Interaktionsregulation sowie Selbstkonstruktion erwähnt. Zur *Regulation des Selbstwertgefühls* werden beispielsweise positive Bilder der eigenen Person vermittelt, um positives Feedback zu erhalten und so das eigene Selbstwertgefühl zu heben. Ähnliches kann zur *Emotionsregulation* erfolgen. Bei der *Selbstkonstruktion* erfolgt eine Selbstdarstellung gemäß einem angestrebten Idealbild und stellt so gewissermaßen einen Schritt in Richtung Annäherung an dieses Ziel dar. Bei der *Interaktionsregulation* schließlich soll Interaktionspartnern ein bestimmtes Bild der eigenen Person vermittelt werden, um jene im Hinblick auf eigene Ziele zu manipulieren.

---

[42] Natürlich kann man nicht davon ausgehen, dass so etwas wie eine einheitliche Verhaltensnorm für jede Schulklasse existiert. Es scheint aber einen Grundkonsens dahingehend zu geben, was unter Schülern sozial erwünscht bzw. unerwünscht ist, beispielsweise andere nicht zu verpetzen. Dies schließt selbstverständlich nicht aus, dass Individuen oder Subgruppen existieren, die sich anderen Normen (eventuell im Sinne einer jugendlichen Subkultur) verpflichtet fühlen.

Bei der hier untersuchten Befragungssituation muss weiter hinsichtlich des Publikums bezüglich Selbstdarstellungen unterschieden werden: Einerseits die Erwachsenenwelt (Interviewer, Lehrer, Eltern, Arbeitgeber und Polizei) sowie andererseits die Peergroup im engeren und weiteren Sinne (Freunde, Klassenkameraden, Mitschüler und Schüler anderer Schulen). Je nachdem, an welches (reale oder imaginäre) Publikum sie gerichtet sind, können Selbstdarstellungen sehr unterschiedlich ausfallen. Darüber hinaus besteht auch die Möglichkeit der Darstellung vor sich selbst (vgl. Schütz & Marcus, 2004). Bei den in dieser Untersuchung ermittelten Kategorien kann nicht immer eindeutig entschieden werden, ob die Befragungssituation tatsächlich eine Situation vor Publikum darstellt bzw. die Pbn diese Möglichkeit zumindest befürchten oder sie sich gewissermaßen als Darstellung vor sich selbst bzw. vor einem internen Publikum abspielt. Die Übergänge dürften zum Teil fließend sein.

Bei der **Kategorie SSB** (Sich selbst belasten) fürchten die Pbn, dass eigene Taten durch ehrliches Antwortverhalten entdeckt bzw. bekannt werden und sie dafür Strafen bekommen. Dies könnte entweder dadurch geschehen, dass auf Grund der Umfrageergebnisse Nachforschungen eingeleitet werden, es ein Klassenkamerad sieht und dem Lehrer mitteilt oder es, nicht näher spezifiziert, „irgendwie" herauskommt was man angekreuzt hat. Interessanterweise taucht diese Kategorie nicht nur im Täterteil auf. Diejenigen Pbn, die auf Grund der Fremdbeurteilungen durch die Lehrer und der Selbstbeurteilung in den Interviews als Täter eingestuft werden können (Pbn 6, 7 und 8; vgl. Tabelle 23), äußern diese Verfälschungstendenz auch im Beobachterteil.

Aber ich mein... aber des kommt auch auf die Situation drauf an. Beim ersten hab ich vielleicht ehrlich...weil ich nicht weiß, ob des auf mich zurückkommt. Wegnehmen, so was machen wir nicht. Da tät ja nichts auf mich zurückkommen. *Wenn es um Sachen geht, die ihr auch macht, dann also eher unehrlich?* – Ja, genau. Des könnt sonst auf mich zurückkommen.
(Proband 6, 115-122)

Kann man sagen, dass du generell bei Befragungen sehr vorsichtig wärst und eher unehrlich antworten würdest? – Also, wenn da jetzt steht: Was hörst du für Musik oder so. Dann würde ich schon eher ehrlich antworten. *Und beim Thema Gewalt wäre das dann anders?* – Ja, schon. Da kann ich mich belasten. Des käme auf die Situation drauf an. Zum Beispiel, wenn jetzt der Test kommt. Und jetzt ist des passiert... was weiß ich, zum Beispiel wir haben einem Jungen seinen Geldbeutel weggenommen, mit viel Geld, ist jetzt nur so ein Beispiel, und jetzt kommt ein Test über Klauen und Wegnehmen oder so. Und des war vor Kurzem. Dann tät ich alles Nein machen. Weil, des weiß ich nicht... wie gesagt, dann schaut man jetzt den Test an, aha, die haben alle Klauen angekreuzt in der Schule... und so weiter. *Also wieder die*

Angst vor stärkerer Kontrolle? – Ja, nicht wegen des nur... die können dich dann erwischen, wenn du des gemacht hast.
(Proband 7, 261-278)

Was meinst du? Wie würden deine Mitschüler bei einem Gewaltfragebogen antworten? – Teilweise ehrlich, teilweise nicht. Es gibt schon Verrückte, die auch Ja sagen. Verrückte, die auch Ja sagen – *Normal wäre, nichts anzukreuzen?* – Ja, schon.
(Proband 7, 627-633)

Hierbei handelt es sich um bewusste Täuschungsabsichten mit relativ klaren Zielen, wobei als Publikum die Erwachsenenwelt (Lehrer, Polizei) zu sehen ist, als Ziel die Vermeidung von Entdeckung bzw. Strafe. Ähnlich verhält es sich bei der **Kategorie STÜ** (Stärkere Überwachung). Hier fürchten die Pbn, dass Umfrageergebnisse allgemein zu einer stärkeren Überwachung durch Lehrer oder Polizei führen könnten.

Ich tät vielleicht ehrlich... oder sogar noch eher unehrlich. Ich tät unehrlich antworten. *Warum?* – Des ist schon heftiger, auf jeden Fall. Wenn einer eine Waffe mitnimmt. Dann kommt vielleicht Polizei. *Es könnte also sein, dass die Polizei mal an der Schule vorbeischaut?* – Ja. *Fändest du das gut oder schlecht?* – Schlecht. Weil des ist ja dann Käse. Wirst ja nur noch beobachtet, dann.
(Proband 6, 162 -175)

Unehrlich. Ich würde es nicht sagen. *Warum?* – Ja, wenn dann in der Klasse... wenn da 5 oder 6 ankreuzen, sie haben Messer dabei. Dann könnt es mal vorne sein, dass sie dich kontrollieren an der Tür, wenn du reinkommst.
(Proband 6, 474 – 479)

Nein. Nicht nur wegen dem Ruf. Auch an der Schule selber...ich mein, das muss nicht sein, dass was rauskommt. Auf blöd steht jetzt da Waffen und Drogen. Und jetzt kommt der Test dahin und dann sagen die: Boah, die gehen ja ab. Schauen wir mal, dass da die Kripo vorbeischaut oder so. Und dann... vielleicht mach ich ja mal was... jetzt nicht Gewalt oder so... dann könnt mir auch was passieren.
(Proband 7, 212-216)

Schau mal, bei so was... Schlägerei ist nicht so schlimm, aber bei Waffen und Drogen. *Hier geht es ja nur um Waffen.* – Ja, wenn dann rauskommt... hier jeder... oder jeder zweite hat ne Waffe, was weiß ich, was die anderen so ankreuzen, dann schauen die [die Polizei] schon vorbei an der Schule. *Und wie fändest du das?* – Schlecht, auf jeden Fall. Ich mein, ich mach ja nichts Schlimmes. Aber auf blöd, du machst irgendwas anderes, wirst dann erwischt. Muss ja nicht sein.
(Proband 7, 558-568)

Nach dieser Verfälschungstendenz wurde auch bei **Gründe Gruppendiskussion/Überwachung** gefragt. Hier geben nur die Pbn, die als Täter bezeichnet werden können (Proband 6, 7 und 8, vgl. Tabelle 25), an, dass dies für sie einen Grund darstellt, Dinge zu verschweigen. Am Rande sei bemerkt, dass *alle anderen* Pbn nichts gegen mehr Überwachung einzuwenden haben.

> Nein. Wegen mir können sie schon besser aufpassen.
> (Proband 1, 120)

> Nein, ich würde es sehr gut sogar finden. Wenn's hier ein bisschen, na, noch gezügelter zugehen würde. Das wäre mir ganz recht. Die wissen alle selber, was sie machen. Jeder muss selber entscheiden, was er in seinem Leben erreichen will. Und wenn die dann erwischt werden, ist mir ganz recht. Wenn die was machen, dann sind sie selber schuld. Dann haben sie halt die Arschkarte gezogen, nicht ich. Die denken nicht weiter. Hauptsache ich bin cool, ich bin der Supermann, ich bin der Stärkste. *Für solche wäre dann mehr Überwachung schlecht?* – Ja, auf jeden Fall. Dann können sie sich nicht mehr so darstellen, so als der Coolste, ich bin der Stärkste und so. Dann würden die öfter eins auf den Deckel kriegen.
> (Proband 2, 364-374)

> Nein, da würde ich eh die Wahrheit sagen. Ich fände, des wäre dann besser. *Du hättest nichts gegen mehr Überwachung?* – Nein, des wäre besser. *Wäre dir das nicht etwas unangenehm? Wenn zum Beispiel überall Aufsichten stehen?* – Nein.
> (Proband 3, 94-102)

> Nein, ich wäre ja froh drum. Des wäre dann sicherer.
> (Proband 4, 204)

> Nein, nein. Ich will ja, dass die Strafen kriegen. *Wäre dir das nicht unangenehm? Wenn es zum Beispiel mehr Aufsichten gibt?* – Nein, wieso? Ich mach ja nichts.
> (Proband 5, 303-307)

> Nein. Ich bin ja dafür, dass sie es machen.
> (Proband 9, 418)

Einige Pbn sprechen sich explizit für Strafen und mehr Kontrolle aus. Selbst Proband 9, ein engagierter Teilnehmer des Streitschlichterprogramms an der Schule, offenbart eine sehr pessimistische Haltung bezüglich der Frage, ob Schüler ihre Konflikte selbständig ohne Sanktionen seitens der Lehrkräfte regeln können.

> *Ist dir noch irgendetwas wichtig zum Thema Gewalt und Fragebögen an Schulen? Willst du noch irgendetwas dazu sagen?* – Ich finde nur, die Gewalt an Schulen,

die... da müsste noch ein bisschen mehr eingegriffen werden. Und dass in den Schulen auch mehr beraten wird. Gegen Gewalt, dass das Thema auch mehr aktuell wird. Weil, jeder redet nur drüber, aber gemacht wird nichts.
(Proband 2, 582-587)

Ja, weil des ist dann unfair. Ich... ich will dann... wenn mir so was passiert, dann will ich schon, dass der andere von den Lehrern oder den Eltern bestraft werden soll.
(Proband 3, 228 -229)

Was sollte denn deiner Meinung nach gegen Gewalt in der Schule unternommen werden? –Vielleicht ein bisschen mehr Lehrer in der Pause. Oder dass man vielleicht so Schüler anstellt oder so. *Dass die aufpassen?* – Ja, genau.
(Proband 3, 353-360)

Was könnte man denn verbessern? – Mehr Sicherheit. *Findest du, dass es an der Schule unsicher ist?* – Nicht direkt, aber in Amerika haben sie ja auch so Sicherheitskontrollen. Des finde ich auch nicht schlecht.
(Proband 4, 12-19)

Findest du, dass es zuviel Gewalt an deiner Schule gibt? – Ja, schon. *Was kann man dagegen tun?* – Ich würde schlimmer bestrafen. Nicht so Verweis, das ist gar nix.
(Proband 5, 23-29)

Was sollte denn dagegen unternommen werden? – Ja, das mit dem Streitschlichter-Programm, das was da jetzt passiert, das finde ich auch ganz gut. Aber die anderen Maßnahmen, die da jetzt angestrebt sind... eingeführt werden sollen, die finde ich auch ganz gut. *Was sind das für Maßnahmen?* – Ja, mit den Verweisen und so. Also, zuerst Streitschlichter, aber wenn das nichts bringt Verweise. Und eben auch Diszi, Schulausschluss und so was. *Du findest das Streitschlichterprogramm ganz gut, aber wenn das nichts bringt, bist du auch für Strafen?* – Ja, genau. *Und auch für härtere Strafen wie zum Beispiel einen Disziplinarausschluss?* – Ja, weil Verweise interessieren die eigentlich nicht.
(Proband 9, 43-61)

Gibt es noch etwas zum Thema Fragebögen und Gewalt an Schulen, das du wichtig findest? – Eigentlich nicht. Das habe ich jetzt schon alles gesagt. Es ist halt zuviel, was passiert. Die müssen was dagegen machen. *Wer muss denn etwas machen?* – Na, die Erwachsenen, die Lehrer. Dass die die auch bestrafen. *Und deine Mitschüler? Können die auch etwas machen?* – Ja, dass die halt nicht gleich zuhauen, sondern mitmachen bei dem Streitschlichter-Programm. *Dass sie lernen, weniger Gewalt anzuwenden?* – Ja, hoffentlich. Also, ob die sich ändern... ob die das lernen können, oder wollen, nennen wir es mal so, da bin ich mir nicht sicher. Aber ich hoffe es eigentlich schon, dass sich da bei einigen was ändert. Aber bei manchen bringt das gar nichts. Die sollen dann Strafen kriegen. *Kann es nicht ohne die Lehrer funk-*

tionieren? Dass ihr eure Konflikte allein regelt? – Nein, auf keinen Fall. Wenn die Lehrer nicht aufpassen, geht gar nichts.
(Proband 9, 606-627)

In ihren Forderungen können sich die Pbn durchaus von wissenschaftlicher Seite bestätigt fühlen. Olweus (1996) stellt beispielsweise in seinen Untersuchungen zu Gewalt an Schulen „eine eindeutige negative Beziehung zwischen relativer ‚Lehrerdichte' während der Pausenzeiten und der Anzahl von Gewaltvorkommnissen" (Olweus, 1996, S. 36) fest und hat betont, dass „die Schule während der Pausen genügend Erwachsene auf den Schulhof schicken und eine gute Aufsicht über die Schüleraktivitäten gewährleisten" (Olweus, 1996, S. 75) muss. Ebenso weist er im Zusammenhang mit aggressivem Verhalten auf die Notwendigkeit von Strafen „in Form irgendeiner negativen Folge" (Olweus, 1996, S. 88) hin. Bei Untersuchungen von Gatzemann (2000) gaben Schüler in Gruppendiskussionen „zu geringes ‚Durchgreifen' von Lehrern bei Gewalthandlungen von Schülern" (ebenda, S. 127) als Ursachen und Bedingungen gewaltauffälligen Verhaltens an. Bei der **Kategorie KMT** (Konflikt mit den Tätern) fürchten die Pbn, Racheakten der Täter ausgesetzt zu sein.

Wenn die rausfinden, dass ich's war. Dass die sauer sind. Dass die was machen. Die sagen dann: Nur wegen dir habe ich einen Verweis bekommen oder so. *Jetzt sollst du ja auf so einem Fragebogen keine Namen nennen, wer so etwas macht, wer Waffen mitnimmt.* – Wenn die Lehrer halt aufpassen. Wenn die die dann erwischen. Dann sagen die: Warum hast du angekreuzt? *Du hättest Angst, dass du Ärger mit denen bekommst? Wenn sie erwischt werden?* – Ja, schon. Vielleicht wird er dann rausgeschmissen. Wenn er dann Rache will.
(Proband 1, 156-167)

Da könnte dann schon wieder ein Konflikt entstehen. Dass du dich dann mit dem prügeln musst.
(Proband 2, 135-136)

Wenn die des mitkriegen... des könnt sauber Ärger geben. *Hättest du Angst, dass jemand sieht, was du ankreuzt?* – Ja. Bei dem Fragebogen schreibt man ja keinen Namen dazu, also nicht, wer es gemacht hat. Also würdest du doch eigentlich niemand verpetzen. *Hättest du trotzdem Angst?* – Dass mit der Waffe auf mich losgehen könnten. Ja.
(Proband 4, 157-166)

Nach einer Medienmitteilung der Eidgenössischen Technischen Hochschule Zürich zu einer Studie über Gewalterfahrungen Jugendlicher (bei der es sich in der Mehrheit der untersuchten Fälle um gleichaltrige Täter handelte und etwa ein

Drittel der Gewalterfahrungen in der Schule und auf dem Schulweg gemacht wurden) kam nur jeder zehnte dieser Vorfälle zur Anzeige (in Fällen von sexueller Gewalt, Erpressung und Körperverletzung gar nur jeder zwanzigste). Als Grund für die Nichtanzeige wurde in 11 % der Fälle Angst vor dem Täter angeben (ETH Zürich)[43]. Dass selbst bei anonymen Befragungen, d.h. ohne Nennung der Namen von Tätern (gemäß Situationsvorgabe), solche Bedenken zu existieren scheinen, kann nicht anders als alarmierend bezeichnet werden. Offenbar ist das Vertrauen dieser Pbn, vor eventuellen Racheaktionen effektiv geschützt zu werden, sehr gering ausgeprägt. Bemerkenswert ist ebenfalls, dass diese Kategorie hier nicht nur im Opfer-, sondern auch im Beobachterteil auftaucht. Selbst Proband 2, der nach Selbst- und Fremdbeurteilung während der letzten 12 Monate keine Opfererfahrungen gemacht hat, gibt diese Begründung an. Bei ihm ist sie mit der **Kategorie APD** (Als Petze dastehen) verbunden.

Bei mir ist es immer so: des kommt auf den, sagen wir's mal so, der Beliebtheitsgrad von dem, der dem anderen was wegnimmt. Wenn der sehr beliebt ist an der Schule, dann kann man das nicht so machen, dass man den dann hinhängt oder so. Weil, dann hält jeder von dir nur noch: Du bist ein Arsch oder so. Du bist ein Idiot. Ne Petze. Da könnte dann schon wieder ein Konflikt entstehen. Dass du dich dann mit dem prügeln musst. *Aber der Fragebogen ist doch anonym. Du schreibst ja deinen Namen nicht dazu.* – Ja. Trotzdem wäre es für mich wichtig, wer er ist. Weil... wenn es einer sieht, dann weiß es eh gleich wieder die ganze Klasse. Dann heißt es gleich: Der hat dich hingehängt. *Es könnte also jemand sehen, was du ankreuzt und weitererzählen.* – Ja, auf jeden Fall. *Du schreibst ja nicht dazu, wer es gemacht hat. Also könnte der doch eigentlich keinen Ärger bekommen.* – Trotzdem, ich würde mir ein bisschen vorkommen wie eine Petze. Hinhängen ist nicht immer toll. Schweigen ist Gold, sagt man immer.
(Proband 2, 132-151)

Bei was wäre es denn am schwierigsten, ehrlich zu antworten? – Bei denen Sachen, die man gesehen hat. *Schwieriger als bei Sachen, die man selber gemacht hat?* – Ja. Über andere was zu sagen, das ist das, wo man... na ja, Zurückhaltung ist gefordert. Weil, man muss schon wissen, was man dann sagt. Und nicht, dass man was Falsches sagt. Dass man dann nicht selber in der Scheiße, auf gut deutsch gesagt, sitzt. Das ist nicht gut. *Das heißt, du würdest eher über dich selber was sagen – was du machst, was dir passiert – als über andere, was die so machen?* – Ja, auf alle Fälle.
(Proband 2, 567-580)

---

[43] Den Autoren der vorliegenden Arbeit sind Einzelfälle bekannt, wo sogar von Seiten der Polizei dringend von einer Anzeige gewarnt wurde, weil (kollektive) Racheakte zu befürchten waren.

Wenn mir jemand was wegnimmt, ich bin sauer, Wut, alles ist dabei. Aber wenn's jemand ist, der wo einen großen Namen hat, kannst du nicht viel machen. Dann bist du halt der Unterlegene.
(Proband 2, 277-279)

Hier kommt einerseits die Befürchtung zum Ausdruck, soziale Nachteile in der Klassengemeinschaft zu erleiden, insbesondere wenn der Täter beliebt ist. Nach Olweus (1996) müssten Gewalttäter hinsichtlich ihrer Beliebtheit zumindest höher einzustufen sein als Gewaltopfer. Die Verfälschungstendenz kann als Selbstdarstellung gegenüber der Peergroup im Sinne einer Interaktionsregulation interpretiert werden. Darüber hinaus scheint sie, gewissermaßen als Darstellung vor sich selbst (bzw. einem internen Publikum), der Regulation des Selbstwertgefühls zu dienen: Der Proband würde sich „ein bisschen vorkommen wie eine Petze", selbst wenn niemand für sein Antwortverhalten negative Konsequenzen zu erwarten hätte. Dies kommt auch in **Gründe Gruppendiskussion/Petze** zum Ausdruck: Die Pbn würden Dinge, die sie gesehen haben, nicht ankreuzen, um sich nicht wie eine Petze zu *fühlen*.

Du schreibst ja nicht dazu, wer es gemacht hat. Also könnte der doch eigentlich keinen Ärger bekommen. – Trotzdem, ich würde mir ein bisschen vorkommen wie eine Petze. Hinhängen ist nicht immer toll. Schweigen ist Gold, sagt man immer.
(Proband 2, 147-151)

Ja, schon. Man will sich nicht als Petze fühlen. Niemanden hinhängen. *Auch wenn kein Name genannt wird?* – Ja.
(Proband 2, 309-313)

Ja. Ich weiß nicht... wenn ich selber etwas gemacht habe, muss ich dafür gerade stehen. Dann sag ich's oder nicht. Aber bei andere... kann ich des nicht entscheiden für die.
(Proband 7, 408-409)

Ähnlich verhält es sich bei der **Kategorie FBE** (Freunde belasten). Hier finden sich bei den Verfälschungstendenzen einerseits eher funktionale Bezüge, dahingehend dass man nicht die Wahrscheinlichkeit erhöhen will, dass durch eigenes Antwortverhalten Taten von Freunden tatsächlich bekannt werden und diese dann Sanktionen ausgesetzt sind. Dies ist bei den Pbn 6, 7 und 8 (Täter) der Fall, verbunden mit der Kategorie SSB (Sich selbst belasten).

Ja, es kommt halt drauf an. Wenn ich des selber auch gemacht habe, dann bin lieber vorsichtig. Und weil... weil ich Angst hätte... was heißt hier Angst, nicht Angst, aber... vielleicht hätten des auch paar Freunde von mir gemacht und falls, auf blöd,

muss nicht sein, kann sein, dass was rauskommt. Ist halt Blödsinn dann, dass des wegen mir... wegen dem Test jetzt rausgekommen ist. *Aber der Fragebogen ist doch anonym.* – Ja... auch wenn man nicht weiß, wer des war, man sieht halt, an der Schule ist des und des passiert. Und wenn ich des auch gemacht habe... auf blöd wird dann rumgefragt: wer macht so was. *Und wenn Freunde so etwas gemacht haben?* – Wenn es Freunde waren... ja, würde ich es nicht sagen. *Weil du keine Petze sein willst?* – Ja, schon. Mit Stolz hat das ein bisschen was zu tun. Und es geht auch noch... es geht nicht nur darum, sondern... das ist ein Test. Und es kommt nicht so schon raus... man kann es so machen, dass nichts rauskommt. Wenn jetzt bei diesem Test was rauskommt, dann ist ein Blödsinnsfehler. Und des braucht es nicht. Es macht mir nichts, aber... des ist halt blöd für ihn.
(Proband 7, 55-77)

Warum dann vielleicht ehrlich? – Ja... des kommt auch dran an, wer den verprügelt hat. Wenn ich jetzt ehrlich ankreuzen würde... zum Beispiel wegen meinem Freund. Der würde des auch nicht gut finden. Und ich würde des auch nicht gut finden... wenn der was ankreuzt, was ich gemacht habe. Also wegen den anderen, die ohne Grund auf einen einschlagen, da ist es mir egal. Aber wegen meinem Freund nicht. *In dem Fragebogen schreibt man ja nicht dazu, wer etwas gemacht hat. Man schreibt ja keine Namen dazu. Warum spielt es denn dann ein Rolle, ob dein Freund so etwas gemacht hat?* – Ich weiß nicht... des kann ja sein... dass der dann Ärger kriegt. *Also vielleicht ehrlich, weil du nicht willst, dass dein Freund Ärger bekommt?* – Ja.
(Proband 8, 49-64)

Andererseits finden sich auch hier Verfälschungstendenzen, die in Richtung Darstellung vor sich selbst bzw. vor einem internen Publikum gehen. Hier ist nur schwer zu entscheiden, ob die Pbn fürchten, ihren Freunden real zu schaden oder eine Art Ehrenkodex verinnerlicht haben, wonach man über Freunde nichts Negatives aussagt.

Na ja, trotzdem. Wenn ich den kenne, dann kommt's drauf an. Man will ja Freunden auch nicht in Rücken fallen. Wenn man jemand besser kennt. *Jetzt sind ja solche Umfragen anonym. Auf so einem Fragebogen sollst du ja nicht hinschreiben, wer was gemacht hat.* – Trotzdem. Es kommt ganz auf den Freund drauf an. Ist es einer, wo ich sag, mein bester Freund, der wirklich schon viel für mich getan hat, dann würde ich zu ihm halten und eher Nein ankreuzen. Wenn's jemand ist, den ich nur geläufig kenne, vom Sehen oder so, nur so mal Hallo oder so, dann würde ich eher ehrlich sein und Ja ankreuzen. *Da würdest du also unterscheiden, ob es ein guter Freund ist oder nicht.* – Ja, da würde ich schon unterscheiden. *Jetzt muss ich noch mal nachfragen. Beim einem Fragebogen soll man ja selber keinen Namen auf das Blatt schreiben, und man soll ja auch nicht hinschreiben, wer was gemacht hat. Also nicht den Namen von demjenigen, der etwas gemacht hat. Trotzdem würdest du einen Unterschied machen?* – Ich weiß nicht. Ich bin ein ehrlicher Mensch. Ich sag immer, was Sache ist. Wenn's mir einer nicht glaubt, ist er für mich der Dumme. Trotzdem: wenn's ein guter Freund ist, würde ich's, glaub ich, nicht ankreuzen. Egal, ob's jemand herausfindet oder nicht. (Proband 2, 100-122)

Ja, dass vielleicht auch von am Freund war. Dass der des war. Und dass man dann dichthält. Es kommt halt auf die Situation drauf an. *Obwohl man keinen Namen dazuschreibt? – Ja.* (Proband 4, 58-63)

Na ja, des ist halt immer so eine Sache. Wenn es ein Freund ist... vielleicht ein Auge zudrücken. Kommt drauf an. (Proband 4, 185-186)

Ja, bei einem guten Freund... würde ich auch nicht ehrlich antworten. *Aber du schreibst ja auf einem Fragebogen nicht den Namen dazu – also von dem, der etwas gemacht hat. Es weiß ja dann niemand, wen du meinst. –* Trotzdem. Des ist halt so. Über Freunde sagt man nichts. (Proband 8, 367-372)

Bei der **Kategorie AOD** (Als Opfer dastehen) kommt die Furcht zum Ausdruck, vor anderen als Opfer dazustehen und verspottet zu werden.

Stell dir vor, dir wären solche Sachen schon passiert. – Dann wäre ich wahrscheinlich nicht so ehrlich. Schon alleine aus Angst, dass jemand zu mir sagen würde: Die ist feige oder so. *Du hast gesagt, es ist wichtig, dass die anderen wissen, dass du dich wehren kannst. Hat das auch etwas damit zu tun? –* Ja, doch. (Proband 9, 312-320)

Kennst du jemand, dem so etwas schon mal passiert ist? – Ja, mehrere. *Wie fühlen die sich dann? –* Die Verprügelten? Ja. *–* Eben als Opfer. Dass sie nichts dagegen machen können und so. *Was meinst du? Würden die es dann ankreuzen, dass ihnen so etwas passiert ist? –* Nein, das glaube ich nicht. *Eigentlich könnte man ja meinen, dass es bei so etwas leicht ist, ehrlich zu antworten. Nach dem Motto: Da kann man ja nichts dafür, also kann man ruhig ehrlich sein. –* Hm. Ja... ganz so glaube ich das nicht. Vielen ist das bestimmt peinlich, wenn sie dann vor den anderen blöd dastehen. (Proband 9, 340-360)

Bei den anderen Fragen – bei der, ob du geschlagen wurdest und bei der, ob dir was weggenommen wurde. Meinst du, du würdest ehrlich antworten, wenn dir so etwas passiert wäre? – Ich glaube nicht. Man will das Gesicht nicht verlieren. *Auch bei einem anonymen Fragebogen? –* Trotzdem... da geht es um meinen Stolz. *Um deinen Stolz? –* Ja, schon. Weil man sieht des... wenn ich des jetzt lese... dann denkt man, was würden die anderen sagen. *Hättest du Angst, dass jemand sieht, was du an-*

kreuzt? – Ja, schon. Bei der eins gegen eins Frage schon. *Und bei der Frage mit dem Wegnehmen?* – Auch.
(Proband 7, 350-371)

Würdest du es wirklich verschweigen, wenn dir so etwas passiert wäre? – Ich glaub schon. *Aber es weiß doch niemand, was du angekreuzt hast.* – Ich weiß nicht. Trotzdem ist es blöd. Ich glaub, wenn es mir passiert wäre, würde ich unehrlich antworten. *Warum?* – *Ist irgendwie peinlich... das. Das wurde ja auch bei der Diskussion in der Klasse gesagt – dass man vielleicht nicht ehrlich antwortet, weil man sich sonst als Opfer fühlt.* – Ja. Ist peinlich.
(Proband 5, 195-211)

Ja, ich würde es auch nicht sagen... wenn mir das so passiert wäre. Des wäre auch wieder peinlich... zu sagen, dass man von mehreren verprügelt wurde. *Peinlich?* – Ja. *Obwohl es mehrere gegen einen sind? Bei einer Schlägerei eins gegen eins, da könnte man sich vielleicht noch wehren. Aber so, da kann man doch nichts machen. Wieso ist das dann peinlich?* – Das ist ja noch schlimmer als einer allein. *Ja – schlimmer schon. Aber doch nicht unbedingt peinlich.* – Ich weiß nicht. Mir wäre es peinlich. Wenn das jemand sieht. Dann sagt er halt: Haha, haben sie dich zusammengeschlagen. *Es könnte also jemand sehen, was du ankreuzt und dich dann auslachen?* – Ja, schon.
(Proband 5, 237-257)

Die Stigmatisierung des Begriffs Opfer kommt hier klar zum Ausdruck: Opfer gelten als wehrlos und feige, sie werden verlacht. Opfer sein ist „peinlich". Dies geht so weit, dass der Begriff Opfer (bzw. das Adjektiv „opfermäßig") von den Schülern als Schimpfwort verwendet wird. Einigen Pbn ist es auch unabhängig davon, ob andere tatsächlich Einblick in ihre Antworten nehmen, unangenehm, Sachverhalte anzukreuzen, die ihnen passiert sind. Dies kommt auch in **Gründe Gruppendiskussion/Opfer** zum Ausdruck: Die Pbn wollen etwas das ihnen passiert sind, nicht ankreuzen, um sich nicht als Opfer zu *fühlen.* Dies könnte als Darstellung vor sich selbst im Sinne einer Regulation des Selbstwertgefühls bzw. von Emotionen verstanden werden.

Ja. Ja, genau. So was ist peinlich.
(Proband 5, 325)

Ja. Wenn mir etwas passiert wäre, dann schon. Man will nicht sein Gesicht verlieren.
(Proband 7, 431)

Ja. Muss ich jetzt ganz ehrlich sagen. *Das wäre dir also unangenehm, so etwas anzukreuzen?* – Ja.
(Proband 9, 441-445)

Auch Pbn, die deswegen nichts verschweigen würden, geben an, dass es ihnen unangenehm ist, auf Fragen nach Opfererfahrungen zu antworten.

> Nein. Wenn es mir passiert ist, sag ich es auch. *Du hast vorher gesagt, dass passiert ist, dass du verprügelt wurdest. Wenn du in einem Fragebogen danach gefragt wirst, wie fühlst du dich dann?* – Ich fühl mich nicht gut. Dann denk ich wieder dran. Wie des war. *Könnte es sein, dass du dann etwas Falsches ankreuzt, um nicht wieder daran denken zu müssen?* – Nein.
> (Proband 1, 298-308)

> Ja klar, wenn man daran denkt, ist unangenehm. Ich kann mir vorstellen, dass manche das so machen. Um nicht daran zu denken. Trotzdem würde ich da ehrlich antworten. Ich würde so was nicht machen. Das sind dann welche, die vor irgendetwas innerlich weglaufen. Ich bin nicht der Typ dazu, dass ich vor irgendetwas weglaufe, auch nicht vor mir selbst.
> (Proband 2, 320-323)

Besonders Proband 9 betont die Notwendigkeit, sich gegenüber anderen als wehrhaft darzustellen: Gelte man als Opfer, so provoziere man geradezu neue Übergriffe. Ähnliches beschreibt auch Proband 1, allerdings nicht im Zusammenhang mit einer Verfälschungstendenz.

> Wenn ich Angst habe, wenn ich nie etwas sage, dann nimmt mir auch der andere was weg. Und dann noch jemand anderes.
> (Proband 1, 234-235)

> Weil mir so etwas eigentlich noch nicht passiert ist. Weil ich mich immer gleich wehre, wenn es einer probiert. *Es ist also sehr wichtig, dass man sich gleich wehrt.* – Ja, das ist sehr wichtig. Dass die anderen wissen, dass man sich wehren kann. Auch wenn man jetzt kein Schläger ist oder so.
> (Proband 9, 275-281)

> Ja, wenn das jemand sieht. Dass man halt als Opfer dorten steht. Oder dass man sagt: Du kannst dich nicht wehren, du bist nicht stark. Und dann kommen erst recht welche. Das ist auch hier an der Schule der Fall. Dass die sagen: Ja, die ist schwach. Die können wir hauen gehen, die wehrt sich nicht.
> (Proband 9, 597-600)

Diese Selbstdarstellung gegenüber der Peergroup dient also neben einer eventuellen Regulation des Selbstwertgefühls eindeutig einer Interaktionsregulation: Man will potentiellen Angreifern ein wehrhaftes Bild vermitteln, um diese abzuschrecken. Auf alle Fälle gilt es, nicht den Eindruck eines Opfers zu vermitteln, weil dieses geradezu Gewalttäter anziehen könnte. Diese – gewissermaßen als

Laientheorie zu bezeichnende Meinung – entspricht den Erkenntnissen von Olweus (1996), wonach der (passive) Opfertypus „den anderen zu erkennen gibt, dass er sich unsicher und wertlos fühlt und nicht zurückschlagen wird, wenn er angegriffen oder beleidigt wird" (Olweus, 1996, S. 42) und so ein „ideales Ziel" (Olweus, 1996, S. 47) für Gewalttäter abgibt. Damit gehen auch Änderungen der Wahrnehmung des Opfers durch die übrigen Klassenkameraden einher, es scheint geradezu, als ob das Opfer selbst schuld ist und verdient, geschlagen zu werden. Der Leidtragende wird mehr und mehr ausgegrenzt, niemand aus der Klasse ergreift Partei für ihn. Dabei geht Olweus (1996) von einer Stabilität dieser Opferrolle über oft mehrere Jahre aus.

Bei **Gründe Gruppendiskussion/Ruf der Schule** erscheint es den Pbn wichtig, berufliche Nachteile zu vermeiden. Zum Teil ist dies auch bei der **Kategorie RDS** (Ruf der Schule) der Fall.

> Ja, ich hab das angekreuzt, weil... wenn ich später mal einen Beruf will, dann steht sie schlecht da. Dann denkt der, ich bin genauso. Dann nehmen die mich nicht. *Wenn du dich irgendwo bewirbst?* – Ja. *Da wäre dann ein schlechter Ruf ein Nachteil?* – Ja, schon.
> (Proband 5, 44-53)

> *Warum ist dir der Ruf der Schule denn so wichtig?* – Ja, ich will ja noch weiter gehen. Ich will noch weiter die Schule machen. Ich will Realschule... dann halt Fachoberschule machen. [...] [konkrete Berufswünsche]
> (Proband 5, 126-129)

> *Und zum Beispiel bei der Bewerbung? Hättest du Angst, dass ein schlechter Ruf von Nachteil sein könnte?* – Hm. Doch, eigentlich schon. Ein bisschen. *Ein bisschen Angst hättest du?* – Ja. *Weißt du schon, was du mal machen willst?* – Ja. [...] [konkreter Berufswunsch] *Glaubst du, dass ein schlechter Ruf der Schule dir dabei schaden könnte?* – Nicht direkt. Aber dass dann vielleicht... wenn man jetzt Antworten bekommt auf seine Bewerbungen. Und da sind dann welche, die genauso gut sind wie du... dann könnte es schon sein, dass man mehr Absagen bekommt. Wenn ich selber da bin... wenn die mich selber sehen, dann nicht. Dann sehen die ja, wie ich bin.
> (Proband 9, 139-156)

Dies ist bei zwei Pbn der Fall, die beide über klare, berufliche Zielvorstellungen verfügen. Da sich die Schüler in ihrem Abschlussjahr der Hauptschule befinden, ist es nachzuvollziehen, dass die Frage der Berufswahl bzw. der Ausbildung einen hohen Stellenwert besitzt. In Verbindung mit der Befürchtung, ein eventueller zukünftiger Arbeitgeber könnte von den Umfrageergebnissen erfahren, erscheint diese Verfälschungstendenz durchaus plausibel, zumal in zahlreichen Untersuchungen gezeigt wurde, „dass Stellenbewerber im Mittel höhere Werte in

beruflich erwünschten Persönlichkeitsdimensionen erreichen als andere Gruppen" (Schütz & Marcus, 2004). Wichtiger als eventuelle berufliche Nachteile ist
für Proband 9 allerdings der soziale Aspekt des schlechten Rufes hinsichtlich der
Beziehungen zu Gleichaltrigen anderer Schulen.

> *Ist das für dich ein wichtiges Thema? Der gute Ruf der Schule?* – Ja, schon. Ich
> würde schon sagen, dass die Schule einen schlechten Ruf hat. *Du würdest sagen, die
> Schule hat einen schlechten Ruf – stört dich das denn?* – Ja, wenn wir einen Ausflug
> machen oder so. Dann schon. Wenn man andere kennen lernt, von anderen Schulen.
> Dann schauen die schon manchmal komisch, wenn man sagt, man ist von der XY-
> Schule. *Ist dir das dann unangenehm oder ist es vielleicht sogar ein bisschen cool?*
> *Dass man von einer krassen Schule kommt?* – Ich mag so was nicht. Das ist mir un-
> angenehm.
> (Proband 9, 124-137)

Allgemein wird der Ruf der Schule, an der die Hauptuntersuchung stattfand, als
schlecht bewertet. Auch Pbn, welche die Verfälschungstendenz RDS (Ruf der
Schule) nicht angeben, schildern, dass der Ruf der Schule für sie eine wichtige
Rolle spielt. Die Pbn berichteten von negativen Erfahrungen, bei denen sie wegen der Zugehörigkeit zu ihrer Schule (bzw. zu dem Stadtviertel, das mit der
Schule verbunden wird) von Gleichaltrigen sozial ausgegrenzt werden. Ein Proband berichtet von Nachteilen bei der Suche nach einer Praktikumsstelle.

> Ja, da hätte ich schon ein bisschen Angst. Dann wird die Schule schlechter dargestellt,
> als sie ist. Es würde wahrscheinlich schon reichen, wenn das Normale, was so normal
> passiert, herauskommt. Weil, bei uns im XY-Viertel, jeder hat ein falsches Bild vom
> XY-Viertel. Denn, das was vor Jahrzehnten passiert ist, wird heute noch nachgetra-
> gen, im XY-Viertel. Da sagt jeder: Oh, XY-Viertel. Und XY-Viertel ist auch weit be-
> kannt, das kennt jeder und da will auch keiner hin. Weil es vor paar Jahrzehnten
> schon schlimm war. Aber jetzt muss man sagen, wer jetzt aus XY-Viertel ist, also so
> schlimm, wie es früher war, ist es auf keinen Fall mehr. *Es wäre dir unangenehm,*
> *wenn sich der Ruf der Schule verschlechtert?* – Auf jeden Fall, ja. Ich denk schon an
> den Ruf der Schule. Ich glaub schon, dass da viele was verschweigen. Dass der Ruf
> der Schule besser wird. Weil, das merkst du dann ja selber, wenn du dich dann be-
> wirbst, bei einer Arbeit oder so, dann sagen sie: Aha, die XY-Schule. Ist das im XY-
> Viertel? Und dann denken die daran. Und viele, bei Praktikumsstellen, viele haben
> mir gesagt: nein, dich nehmen wir nicht, weil du aus dem XY-Viertel bist. XY-
> Viertel ist dann gleich Dieb, Totschlag, alles wird da zusammengeführt. Weil sie
> nicht wissen, wie es wirklich ist. *Würdest du deswegen in einem Fragebogen manche*
> *Fragen unehrlich beantworten?* – Würde ich schon gerne, aber das könnte ich auch
> wieder nicht. Weil ich mir denke: Wenn ich so etwas beantworte, dann schon ehrlich
> und nicht unehrlich. Auch nicht, wenn es für den Ruf der Schule gut wäre.
> (Proband 2, 334-357)

Ja, des ist schon blöd. Wenn dich jetzt jemand fragt: „Welche Schule gehst du?" und du sagst den Namen, dann kommt des schon blöd. Nicht jetzt wegen der Schule, sondern wegen dir. Aber ich würde schon ehrlich antworten. *Und die Sache mit der Bewerbung?* – Auf der Bewerbung schauen sie, glaub ich, nicht auf die Schule. Auf welcher Schule ich war. Weil, ich finde nicht, dass der Ruf jetzt so wichtig ist bei einer Bewerbung. Weil, ich finde nicht, dass alle schlimm sind hier.
(Proband 3, 71-79)

Hast du denn Angst, dass die Schule einen schlechten Ruf kriegt? – Nein, eigentlich nicht. Aber es muss auch nicht sein. Es ist negativ, wenn die dich fragen. Wenn du in einer anderen Schule bist, oder so... dann fragen sie dich: Von welcher Schule? Dann sagst du: XY-Schule. Ja, des is a asoziale Schule und so weiter. Dann gibt's oft Ärger mit denen. *Hier geht es ja mehr darum, dass man dann vielleicht bei einer Bewerbung schlechtere Chancen hat. Würdest du deswegen etwas verschweigen?* – Nein, eigentlich nicht. *Weißt du schon, was du mal machen willst?* – Nein, keine Ahnung.
(Proband 6, 317-331)

Ja, wenn ich zum Beispiel ein Mädchen kennen lerne oder so. Wenn die anständig ist, dann denkt die sich, ja der ist... Drogen, Gewalt, was weiß ich. Man hat vielleicht gut angefangen, und dann sagt man: XY-Schule, XY-Viertel. Bumm, ist man wieder am Anfang. *Du willst so etwas also gar nicht? Bist du nicht stolz, wenn die Schule einen schlechten Ruf hat?* – Nein, nein. Wenn das viele Leute machen, heißt das nicht, dass ich das mache. *Passiert dir so was manchmal – dass die Leute so was von dir denken? Dunkle Hautfarbe, XY-Schule, der ist schlimm?* – Ja, dann erst recht. Wenn die mich sehen... dunkel und ich zieh mich meistens schwarz und breit an und so. Wenn ich noch sag XY-Schule dann... dann schaut es ein bisschen anders aus, ein bisschen kritischer. Dann sagen die gleich: der ist Gangster und so. *Eigentlich ein bisschen unfair.* – Ja, schon. Auch wenn man Geschäfte machen will. Und die sagen: Na, wollen wir nicht, weil die denken, du linkst sie ab und so.
(Proband 7, 188-207)

Nein. Den Ruf kann man doch sowieso nicht mehr retten. *Hat die Schule einen schlechten Ruf?* – Ja. Den kann man gar nicht mehr schlechter machen.
(Proband 8, 385-389)

In einer Untersuchung eines anderen Stadtteils, welcher – was seinen negativen Ruf sowie die ungünstigen sozialen Rahmenbedingungen betrifft – mit demjenigen, in dem die Schule der Pbn liegt, weitgehend vergleichbar ist, wird diese soziale Stigmatisierung wie folgt charakterisiert:

Er ist Sozialraum mit eigenen Werten und Normen, der Sicherheit bietet und zugleich Heimat bedeutet. Er ist ein Raum für die eigene Lebensperspektive, da hier Familie, Freunde und Bekannte wohnen – er ist vertraut. Er ist allerdings auch ein

Ort, der stigmatisiert, der zur Ursache für soziale Ausgrenzung wird, z.B. wenn es um Bewerbungen für Ausbildungsplätze geht. (Anonymisierte Quelle, 2002[44])

Bei der **Kategorie SCH** (Scham) geben die Pbn an, dass sie nicht ehrlich antworten würden, wenn sie sich ihrer Taten schämen.

> *Warum dann vielleicht ehrlich?* – Wenn ich's gemacht hätte, würde ich es nicht ankreuzen. *Dann eher unehrlich?* – Ja. Ich würde mich schämen.
> (Proband 4, 416-430)

> *Wann ist es am schwierigsten, ehrlich zu antworten?* – Wenn man es meistens selber gemacht hat. Dann denkt man drüber nach... schämt sich.
> (Proband 4, 489-491)

> Ja, wenn... wenn ich überlege... wenn des nicht so ein Gegner war, der... wenn der nicht so stark war. Dann eher nein... eher unehrlich. Dann würde ich mir blöd vorkommen. *Ob das eher feige von dir war oder ein fairer Kampf?* – Schon. Ich mein... ich mache nie jemanden blöd an. Aber wenn er mich blöd angemacht hätte, aber es so ein Kleiner wäre, der mich nicht hauen könnte. Da würde ich mir danach denken, was habe ich da gemacht. *Aber der Fragebogen ist doch anonym. Außerdem kreuzt man ja nicht an: Ich habe einen Schwächeren verprügelt, sondern nur: Ich hatte Prügeleien – Ja oder Nein.* – Ja, trotzdem. Wenn man wieder... wie gesagt, ich denk dran, was hast du da gemacht. Des war eine unfaire Aktion. Dann schämt man sich halt. Fühlt sich nicht gut. *Also eher unehrlich, wenn du an eine Situation denkst, wo es von dir vielleicht etwas unfair war?* – Ja, des ist mit dem Gewissen... man hat ein schlechtes Gefühl dabei. Wenn ich ein gutes Gewissen habe, dann... kein Problem. Wenn nicht so, dann nicht so... nicht so ehrlich. *Dir ist also wichtig, ob du selber dazu stehen kannst?* – Ja, schon. Ja, weil... mein Vater, der hat viel durchgemacht. Und alles, was ich machen könnte, hat der schon hinter sich... die ganzen Sachen [...]. Der hat mich halt so erzogen, was man so denken soll. Da richte ich mich nach ihm. Weil er ist jetzt auch älter und macht den ganzen Schmarren nicht mehr. Er hat ja auch davon gelernt und so. Ist ruhiger geworden. [...]
> (Proband 7, 460-486)

> [...getan: gewaltsam etwas weggenommen] Wenn ich es getan hätte, würde ich vielleicht ehrlich antworten. Sonst sagt vielleicht jemand: Ah, du hast nichts. Armer Schlucker, musst was wegnehmen. Aber ich würde so was nie machen.
> (Proband 9, 492-494)

---

[44] Da – wie bereits erwähnt – die beiden Stadtteile hinsichtlich ihrer sozialen Struktur weitgehend vergleichbar sind, wird aus Gründen der Diskretion die Quelle hier nicht angegeben.

Diese Ausführungen der Pbn 4 und 7 sind zunächst einmal sehr verwunderlich, da sie, anders als bei Proband 9, anscheinend nicht publikumsorientiert sind. Die Pbn erwähnen hier nicht die Sorge, dass andere von ihren Taten erfahren könnten, sondern dass sie über diese Taten nachdenken und sich schämen würden. Will man die Aussagen der Pbn ernst nehmen, so könnte man dieses Verhalten als Selbstdarstellung im Sinne von Selbstkonstruktion deuten. Selbstkonstruktion dient der Annäherung an Idealbilder, durch eine Präsentation gemäß einem Idealbild sieht man sich diesem Ziel schon nähergekommen (siehe oben). Versteht man Scham als Folge einer Abweichung des eigenen Realbildes von einem Idealbild, könnte eine Selbstdarstellung, die diese Abweichung leugnet (also quasi eine fiktive Annäherung an dieses Idealbild darstellt), als Selbstkonstruktion interpretiert werden. Diese erfolgt als Darstellung vor sich selbst bzw. einem internen Publikum (beispielsweise der Vater bei Proband 7).

Die **Kategorie BAG** (Bagatellisierung) besagt, dass der Proband Vorfälle nicht ankreuzt, weil er sie persönlich als nicht so schlimm bewertet. Diese Kategorie tritt bei Proband 8 im Beobachter-, Täter- und im Opferteil auf.

Ja, gut, also mit einem Messer, halt mit so einem Taschenmesser oder Butterfly, da würde ich eher unehrlich antworten. Des ist ja keine Waffe... des ist ja Spielzeug. Aber Pistole oder ein richtiges Messer... Sprungmesser, da würde ich schon ehrlich antworten. *Also Taschenmesser oder Butterfly würdest du verschweigen? Nein ankreuzen?* – Ja. Des ist keine richtige Waffe... eigentlich. *Eigentlich keine Waffe – wenn in einem Fragebogen allgemein nach Waffen gefragt wird – also ohne dass man ankreuzen soll, was es war – zählen dann Taschenmesser oder Butterflymesser nicht dazu?* – Ja, eigentlich schon. Des sind schon auch Waffen. Aber... ich find Messer nicht so schlimm. Wenn es kein Sprungmesser oder so ist. *Bei Messer also eher unehrlich, weil das nicht so schlimm ist?* – Ja. *Und bei schlimmeren Sachen?* – Ja, so Gaspistole oder so... mit richtigem Messer, Sprungmesser oder so... bei so was schon... würde ich richtig antworten.
(Proband 8, 154-177)

Würdest du die Frage dann mit Ja oder Nein beantworten? – Nein. Wenn ich jetzt nur ein Messer mitbringe... ein bisschen am Baum rumschnitze... des ist doch keine Waffe. *Dann kann man also ruhig ein bisschen schwindeln.* – Ja, schon. Des ist ja nicht so schlimm. *Das ist ja nicht so schlimm – muss man dann überhaupt schwindeln?* – Klar. Da kann man richtig Stress kriegen, wenn das rauskommt. *Also du selber findest es nicht so schlimm, aber du wüsstest, dass es Ärger mit den Lehrern geben würde?* – Ja. *Die würden es für eine Waffe halten?* – Ja, eigentlich schon.
(Proband 8, 511-531)

Ja, wenn jetzt einer herkommt und mir einen Kaugummi wegnimmt oder Zigaretten... dann würde ich nur lachen, dann würde ich Nein ankreuzen. Das wäre nicht so schlimm.... aber wenn jemand ein Handy oder keine Ahnung was wegnimmt... so was würde ich schon ankreuzen. So was sollen dann alle sehen, dass so was passiert. Weil das nicht in Ordnung ist. *Aber wenn dir jemand kleine Sachen wegnimmt, Kaugummi, Zigaretten oder so etwas, und du das nicht willst – das ist doch eigentlich auch nicht in Ordnung.* – Na ja, aber Kaugummi oder Kippen... das ist nicht so schlimm. *Das würdest du also gar nicht zu gewaltsam Wegnehmen zählen?* – Nein. *Aber eigentlich gehört es schon dazu.* – Eigentlich schon. *Du weißt, dass es eigentlich schon dazu gehört.* – Ja. Aber da würde ich kein Aufstand machen, deswegen. (Proband 8, 246-266)

[...getan: gewaltsame Wegnahme] *Hast du das denn etwa nicht gemacht?* – Nein... na ja, weggenommen schon. Aber nichts Teures... halt mal einen Kaugummi... oder Zigaretten oder so was. Einmal hab ich ein Handy weggenommen. Aber nur, um den zu ärgern, nicht um es zu behalten. Aber dann hab ich's auch wieder zurückgegeben. Aber so richtig behalten... was Teures oder so, jetzt nicht nur so Zigaretten, habe ich noch nie was. *Was würdest du hier ankreuzen? Ja oder Nein?* – Nein. *Gut. Lassen wir mal richtig teure Sachen weg. Jetzt nur mal so etwas wie Kaugummi oder Zigaretten. So Sachen, die nicht so schlimm sind. Wie müsstest du denn dann hier ankreuzen, wenn du ganz ehrlich bist?* – Eigentlich schon Ja. Aber... ich find des jetzt nicht so schlimm. *Und deine Lehrer? Würden die es schlimm finden?* – Des würde schon Ärger geben. Jetzt nicht so richtig... so schlimm ist des ja nicht. Aber des würde schon Ärger geben, glaub ich. (Proband 8, 449-467)

[...passiert: gewaltsame Wegnahme] *Ist dir das denn passiert?* – Ja, klar. (Proband 8, 268-270)

Solang sie mich nur bedrohen und nicht schlagen, würde ich Nein ankreuzen. *Aber hier wird doch nach bedrohen gefragt und nicht nach schlagen?* – Nur bedrohen, des ist gar nichts. *Das fändest du nicht so schlimm?* – Nein, des ist nicht schlimm. Außer wenn sie... so richtig bedrohen... mit einem Messer oder so auf mich drohen. *Aber nur mit Worten bedrohen ist nicht schlimm?* – Nein... wenn die nur sagen: Pass auf was du machst oder ich schlag dich... des passiert ja ständig. *Das würdest du also nicht zu Bedrohen zählen?* – Nein, eigentlich nicht. Wenn die nur sagen: Warte, nach der Schule hauen wir dich... und dann passiert nach der Schule nichts. Dann würde ich Nein ankreuzen. Des kommt so oft vor, das nehme ich gar nicht ernst. (Proband 8, 320-340)

[...getan: Prügelei mehrere gegen einen] – Ja gut, des war halt so... ich bin da auch dabei. Aber so richtig zugeschlagen habe ich noch nie. Ich habe auch schon mal gesagt: Kommt, lasst den stehen. Er kann ja nichts dafür, dass er halt Prügel kriegen soll. Dass sie ihn halt in Ruhe lassen. *Du warst also bei so etwas dabei, hast aber nicht so richtig mitgemacht?* – Genau. (Proband 8, 473-479)

[...passiert: von mehreren verprügelt] *Ist dir das denn passiert?* – Einmal. Ist aber schon länger her als 12 Monate. War jetzt nicht so schlimm.
(Proband 8, 304-306)

Da Proband 8 als Täter einzustufen ist, kann nur sehr schwer beurteilt werden, ob diese Bagatellisierungen der Relativierung eigener Taten dienen oder tatsächlich seiner eigenen Wahrnehmung gemäß einem sehr eingeschränkten Gewaltbegriff entsprechen. Besonders die bereitwillig eingeräumten Opfererfahrungen mit dem Hinweis, das dies ja nicht so schlimm sei, mögen dazu dienen, die eigenen Vergehen zu verharmlosen. Dies könnte als Selbstdarstellung im Sinne von Selbstkonstruktion interpretiert werden. Von Felten (2000) kommt in einer Studie zur Wahrnehmung von Gewalt bei Jugendlichen zu dem Ergebnis, dass „häufiges Praktizieren von Gewalt" (von Felten, 2000, S. 180) dazu führt, „dass eigene Opfererfahrungen weniger als solche wahrgenommen werden" (ebd.). Allgemein „beurteilen [Jugendliche] Gewalt weniger schwerwiegend als Erwachsene" (von Felten, 2000, S. 177). In oben bereits erwähnter Medienmitteilung der ETH Zürich zu Gewalterfahrungen Jugendlicher gaben „etwas mehr als die Hälfte der Jugendlichen an, sie hätten das Vergehen nicht so schlimm gefunden" (ETH Zürich) und deswegen nicht angezeigt. Inwieweit solche Unterschiede in der Wahrnehmung verzerrende Einflüsse auf Ergebnisse von Befragungen zum Thema Gewalt an Schulen ausüben können, ist Gegenstand der Gewaltperzeptionsforschung.

> Die selbstberichteten Gewalterfahrungen der Jugendlichen sind abhängig davon, wie sie von den Jugendlichen *wahrgenomm*en werden und stellen demzufolge kein Abbild der objektiven Realität dar. Diese Wahrnehmungsabhängigkeit ist bislang von der Jugendgewaltforschung, welche sich gegenwärtig vorwiegend mit selbstberichteten Gewalterfahrungen beschäftigt, kaum beachtet worden.
> (von Felten, 2000, S. 185)

Auch bei den anderen Pbn finden sich zum Teil Bagatellisierungstendenzen, insbesondere bei „normalen" Schlägereien sowie bezüglich Taschenmessern, die nicht als „richtige" Waffen angesehen werden.

> Der Ruf ist schon wichtig. Aber... jetzt hier, bei Schlägerei... ich weiß nicht. Schlägerei ist halt nicht so schlimm. Das ist dann eher bei dem anderen.
> (Proband 5, 61-62)

[...getan: Prügelei eins gegen eins] *Hast du das denn gemacht?* – Ja, natürlich. Ist ja normal... nix Schlimmes. *So etwas ist also nicht so schlimm?* – Nein, ist nicht schlimm. *Hättest du hier keine Angst, dass es eine stärkere Überwachung gibt?*

Dass dann besser aufgepasst wird? – Des hat ja jetzt so... ich mein, Schüler gegen Schüler... des kommt immer vor. Des war schon vor 50 Jahren, glaube ich, so. (Proband 6, 348-360)

[...beobachtet: Prügelei mehrere gegen einen] – Ja. So was soll schon rauskommen. *Hier hast du jetzt eher ehrlich ankreuzt. Bei der Frage vorher* [...beobachtet: gewaltsame Wegnahme] *warst du dir nicht ganz sicher. Ist so was nicht schlecht für den guten Ruf?* – Ja aber... da hab ich nichts mit Kriminalität zu tun... ja, eigentlich schon, wenn es mehrere gegen einen sind. Aber da würde ich ehrlich antworten. *Jemandem gewaltsam etwas wegnehmen ist also schlimmer?* – Ja, auf alle Fälle. Das ist krimineller als jemanden verhauen. Das ist nur schlagen, das andere ist Diebstahl. (Proband 9, 170-181)

[...getan: Waffe mit in die Schule gebracht] – Ja, äh... weil ich des meistens eh nicht mach... äh. *Weil du das meistens nicht machst?* – Ja, halt... nur ein Taschenmesser. Ab und zu. (Proband 4, 440-444)

Ja, gut hier gibt's schon Messer. Kann schon mal vorkommen. Aber so richtige Waffe, Pistole oder so, gibt's nicht. (Proband 6, 465-466)

[...getan: Prügelei eins gegen eins] *Hast du das denn gemacht?* – Ja. *Wie würdest du hier antworten?* – Vielleicht ehrlich. Des ist nicht so schlimm. Wenn es halt fair war. Nicht so Großer gegen Kleinen oder so. Wenn jetzt nicht rauskommt: Jeden Tag zehn Stück oder so. (Proband 7, 444-451)

Was ist denn alles eine Waffe für dich? – Pistole, Gaser, Schlagstock, Schlagring... eigentlich auch Messer. (Proband 7, 579-581)

[...beobachtet: Waffe mit in die Schule gebracht] *Hast du das denn gesehen?* – Ja. *Wahrscheinlich Messer?* – Ja, Messer, aber... Waffe auch. Gaser haben die auch mal dabeigehabt. *Sonst noch etwas, was du an der Schule gesehen hast?* – Eigentlich nur Gaser oder Messer. (Proband 9, 242-252)

[...passiert: aufgelauert, bedroht worden] – Das könnte hier auch eher unehrlich sein. *Warum könnte es eher unehrlich sein?* – Ja, es kann halt sein. So sagen sie's nur. Wenn man was sagt, machen sie vielleicht ernst. Wenn sie's nur sagen, ist ja nicht so schlimm. Ist ja nichts passiert. (Proband 1, 267 -272)

Bei der Frage vorher [...passiert: von einem verprügelt] *hast du gesagt, du würdest eher verschweigen, was dir passiert ist, weil es dir peinlich wäre.* – Das ist ja viel schlimmer... verprügeln. Wegnehmen ist gar nix.
(Proband 5, 224-227)

Die **Kategorie UBE** (Unernste Bearbeitung) besagt, dass die Befragung von den Pbn nicht ernst genommen wird und willkürlich einfach irgendetwas angekreuzt wird. Diese Möglichkeit räumen die Pbn 6 und 7 (Täter) für sich ein, worin sich eine eventuelle generelle Ablehnung solcher Befragungen andeuten könnte. Nach Lösel (1999) treten „unaufmerksame, unsorgfältige, ‚zufällige' Antworten" (Lösel, 1999, S. 369) beispielsweise auf, „wenn der Test sehr lang ist oder von der Person eigentlich abgelehnt wird" (ebd.). Dieser Gesichtspunkt wäre bezüglich der Resultate zu bedenken, die wir mit unserem zweiten „Metafragebogen" bei Jugendlichen erhalten haben (siehe oben, Abschnitt 3.4).

Ja, ich würde halt nicht mit jedem darüber sprechen. Kommt drauf an, wer des wissen will. *Es kommt drauf an, wer das wissen will?* – Ja. Weil, ich muss den ja auch bisschen wenigstens kennen. Der muss sich ja auch ein bisschen vorstellen. Nicht nur: Hier Fragebogen, ausfüllen. *Meistens werden solche Befragungen ja so durchgeführt, dass ein Fragebogen von außerhalb an die Schule kommt und die Lehrerin verteilt ihn dann. Das ist ja die Situation, die wir uns vorstellen. Du würdest denjenigen also gar nicht sehen, von dem der Fragebogen kommt.* – Da tät ich gar nicht... da tät ich einfach nur so schnell wie möglich ankreuzen und: Hier ist der Fragebogen, fertig. Irgendwas, dass es schnell vorbei ist. *Da würdest du also einfach irgendetwas ankreuzen, ohne darüber nachzudenken?* – Ehrlich gesagt: Ja.
(Proband 6, 50-66)

Gibt es noch irgendetwas zum Thema Fragebögen und Gewalt an Schulen, das du wichtig findest? – Ich habe erst einmal so Fragebogen gemacht. In der achten Klasse war mal so ein Fragebogen, ob du schon einmal was zerstört hast, Schuleigentum oder so. Ob du ne Waffe dabei gehabt hast. Da hab ich nur Schmarren hingemacht. *Nur Schmarren?* – Ja, des war mir total egal. Irgendwas angekreuzt, schnell fertig, aus.
(Proband 6, 516-525)

Machen Fragebögen überhaupt einen Sinn? Wird da ehrlich geantwortet? – Teilweise. Es gibt aber auch... wie gesagt, so... dass man das Gesicht nicht verliert, man ist cool oder so. Dann macht man irgendwas, irgendeinen Scheiß oder so. Dann macht man da Witze noch dabei. (Proband 7, 45-49)

Und auch noch was anderes. Wenn des nicht so wichtig ist... wenn des für mich nicht wichtig ist, dann würde ich des... würde ich ... dann würde ich einfach Scheiß

ankreuzen. *Es könnte also auch sein, dass du sowieso nur Unsinn ankreuzt?* – Ja, schon.
(Proband 7, 93-99)

Darüber hinaus melden weitere Pbn Zweifel daran an, ob ihre Mitschülerinnen und Mitschüler ernsthaft antworten.

Meinst du, man kann mit Fragebögen etwas herausfinden über Gewalt an Schulen? – Na ja, nicht gerade viel, aber etwas kann man schon herausfinden. *Warum nicht gerade viel?* – Keine Ahnung, man findet einfach nicht viel heraus. Manche schreiben auch nur Schmarren hin.
(Proband 1, 20-27)

Da können also Fragebogen helfen? – Zum Teil ja – zum Teil nein. Es kommt auf den Schüler drauf an. Ob er jetzt ehrlich beantwortet oder unehrlich beantwortet. Weil, es gibt halt paar Idioten, die halt bei so was nur Gag hinschreiben. Und dann schreiben sie nicht das Richtige hin. Nicht ihre eigene Meinung. *Wer, meinst du, würde dann vielleicht unehrlich antworten?* – Ich denk mal, das kommt ganz auf den Menschen selber an, wie er dazu steht. Weil, also ich bin kein Heiliger, und ich würde so etwas ehrlich beantworten. Ich bin aus dem Alter raus, wo man mit so etwas Faxen macht. Deshalb.
(Proband 2, 71-81)

Sind Fragebögen zum Thema Gewalt an Schulen wichtig oder eher unwichtig? – Nein, die sind nicht wichtig. *Warum?* – Die antworten eh nicht ehrlich. *Da kommt also nichts Ehrliches dabei raus?* – Nein.
(Proband 5, 7-17)

Wie würden deine Freunde antworten? – Eher unehrlich. Manche würden auch nur Scheiß machen.
(Proband 7, 635-637)

Können Fragebögen da helfen? – Die meisten schreiben ja sowieso nur Schmarren rein. In der Hinsicht würde ich sagen, die können nichts helfen.
(Proband 8, 27-30)

Abschließend kann festgestellt werden, dass die Befragungssituation nach den Angaben der Pbn eine hoch komplexe soziale Situation darstellt. Als Einflussfaktoren sind einerseits die Absichten und Ziele der Pbn, andererseits der konkrete Kontext, in dem die Befragung stattfindet, zu betrachten. Das Antwortverhalten wird oft durch eine Vielzahl zum Teil konkurrierender Motivationen bestimmt. So kann der Wunsch nach Maßnahmen gegen Gewalt im Widerspruch zur Absicht stehen, den Ruf der Schule zu schonen oder Sanktionen durch die Täter zu vermeiden.

[Gründe Gruppendiskussion/Ruf der Schule] – Ja, das könnte schon sein. *Das könnte also auch für dich ein Grund sein, Sachen nicht anzukreuzen?* – Ja. Wobei es mir schon auch wichtig ist, dass was dagegen passiert. *Keine leichte Entscheidung.* – Das ist bestimmt nicht leicht. Aber ich glaube, jetzt würde ich schon ehrlich antworten. Wobei es besser wäre, wenn das innerhalb der Schule bliebe. Dass das dann nicht in der Zeitung steht oder so.
(Proband 9, 424-434)

[...beobachtet: gewaltsame Wegnahme] Wenn jemand was wegnimmt... soll er es schon zurückgeben. Aber... äh... *Aber?* – Das könnte hier auch sein, dass ich es nicht sag. Ich wusste nicht, was ich nehmen soll. Ich wollte zwei nehmen. *Du wolltest zwei Antworten ankreuzen?* – Ja. *Welche?* – Na ja, das obere. *Eher ehrlich?* – Ja, und das mit dem Ruf. *Dass du unehrlich antwortest, weil du nicht willst, dass die Schule einen schlechten Ruf bekommt?* – Ja.
(Proband 5, 88-110)

Wie fühlt man sich dabei? Wenn einem so etwas passiert? – Man kriegt eine richtige Wut im Bauch. *Wäre so ein Fragebogen nicht eine Möglichkeit, sich dagegen zu wehren?* – Eigentlich schon. Dass die Lehrer des halt auch mal mitkriegen. Könnt aber auch noch mehr Ärger geben.
(Proband 4, 248-255)

[...passiert: aufgelauert, bedroht worden] Das ist mir auch passiert. Es muss doch was gemacht werden. Wenn jemand sagt, dass ich dich zum Beispiel nach der Schule verprügle. [...passiert: aufgelauert, bedroht worden]: *Das ist dir also passiert?* – Ja. *Und dagegen muss man etwas tun?* – Ja. *Warum dann vielleicht ehrlich?* – Ja, mei... wenn's halt rauskommt. *Angst, dass jemand rausfindet, was du angekreuzt hast?* – Ja. Dass dann noch mehr Ärger gibt. *Also einerseits findest du es wichtig, ehrlich zu sein, dass etwas dagegen passiert, andererseits die Angst, dass jemand herausfindet, was du angekreuzt hast und du deswegen Ärger bekommst?* – Ja, genau. *Was meinst du – wie würdest du denn jetzt auf diese Frage antworten – eher ehrlich oder eher unehrlich?* – Des kommt drauf an... ich weiß nicht. Vielleicht ehrlich, tät ich sagen.
(Proband 4, 320-348)

Auch die subjektive Bewertung der Schwere der Gewalthandlungen kann, zusätzlich zu anderen Motiven und Verfälschungstendenzen, eine Rolle bei der Entscheidung spielen, ob ehrlich geantwortet wird oder nicht.

[...beobachtet: Prügelei mehrere gegen einen] In der Situation antworte ich ehrlich. Weil, ich finde es unfair, wenn mehrere auf eine Person losgehen. Wenn's eins ge-

gen eins steht, denke ich mir, OK, ist in Ordnung. Aber wenn's zwei gegen eins
steht oder drei gegen eins, dafür hab ich null Verständnis, und da kann's dann noch
so ein guter Freund sein. Weil, das ist einfach das Schlimmste, unfair für die betroffene Person. Wenn du von mehreren geprügelt wirst. *Würdest du eher Sachen verschweigen, bei denen du sagst: Das kann ich verstehen, dass das jemand macht, das
ist nicht so schlimm?* – Ja. Des ist dann ja keine so schlimme Gewalt. *Und die Sachen die du schlimm findest, also richtige Gewalt, bei denen wärst du eher ehrlich?*
– Genau.
(Proband 2, 161-175)

[...beobachtet: gewaltsame Wegnahme] Ja, aber es würde halt auch drauf ankom-
men, wie gewaltsam des war. *Warum?* – Ja also, zum Beispiel, wenn jetzt jemand
einen Füller wegnimmt oder so, des wäre mir eigentlich dann noch ziemlich egal,
des würde dann noch nicht so über die Schmerzgrenze gehen. *Wenn es nicht über
die Schmerzgrenze geht, dann eher ehrlich?* – Eher umgekehrt. *Also was du nicht so
schlimm findest, würdest du eher verschweigen?* – Ja. Und wenn jetzt zum Beispiel
was kaputt gehen würde, dann würde ich schon ehrlich antworten. Weil des ja nicht
sein muss. *Es würde also eine Rolle spielen, wie du das selber beurteilst.* – Ja. *Und
wenn du es nicht so schlimm findest, würdest du es eher verschweigen?* – Ja.
(Proband 4, 67-90)

6.3 Führen die Verfälschungstendenzen zu einer Über- oder Unterschätzung des Gewaltniveaus?

Im Kontext des Forschungsfeldes Gewalt an Schulen stellt sich als zentrale Frage, ob bzw. wie sich eventuelle Verfälschungstendenzen auf Umfrageergebnisse
auswirken. Führen diese bei empirischen Untersuchungen, die Fragebögen verwenden, zu einer Überschätzung oder zu einer Unterschätzung des tatsächlichen
Gewaltniveaus? Oder ist es gar so, dass Verfälschungstendenzen, die eine Untertreibung zur Folge haben, sich gewissermaßen mit den Übertreibungen die Waa-
ge halten und so im Endeffekt (bei ausreichend großen Gruppen) das Gewaltni-
veau annähernd richtig eingeschätzt wird? (vgl. hierzu Köllisch & Oberwittler,
2004). Für die hier untersuchte Stichprobe kann, wie oben ausgeführt, das Vorliegen von Verfälschungstendenzen eindeutig bejaht werden. Anhand der Ergebnisse der Gruppenbefragung sowie der Einzelinterviews wird nun der Frage
nachgegangen, wie sich diese auf eine Einschätzung des Gewaltniveaus mittels
Fragebögen auswirken mögen.
Hier seien zunächst die Ergebnisse der Gruppenbefragung betrachtet. Die
meisten Antwortalternativen des Befragungsbogens lassen keine eindeutige
Schlussfolgerung zu, ob sich die geäußerten Verfälschungstendenzen in Richtung Übertreibung oder Untertreibung auswirken. Eindeutig in Richtung Unter-

treibung weist nur die Antwortalternative „ich würde so antworten, dass unsere Schule besser dasteht, als sie in Wirklichkeit ist, weil ich nicht will, dass sie einen schlechten Ruf bekommt". Dass die Antworten „vielleicht ehrlich", „eher unehrlich" und „eher unehrlich, weil ich Angst hätte, dass vielleicht doch jemand herausbekommen könnte, was ich da angekreuzt habe" eine Untertreibung zur Folge haben, kann auf Grund der Ergebnisse der Einzelinterviews lediglich vermutet werden (siehe unten). Über die Auswirkungen der Antworten „ohne mir viel Gedanken zu machen, einfach irgend etwas", „es würde mir Spaß machen, mir dabei irgend einen Blödsinn auszudenken (,,Verarschung": z.B. absichtlich Falsches ankreuzen)", „ich könnte mich nicht mehr genau erinnern und würde trotzdem irgend etwas ankreuzen" und „weil ich dazu von mir aus wenig sagen könnte, würde ich mir überlegen, was wohl andere Jungen/Mädchen oder Freunde/Freundinnen ankreuzen und das dann ankreuzen" können keine Aussagen gemacht werden. Deren Anteil an den insgesamt gegebenen Antworten beträgt allerdings nur 1.4 %.

Eindeutig in Richtung Übertreibung gehen jedoch die Antwortalternativen „eher unehrlich, weil ich solche Sachen zwar nicht selber gesehen habe, ich sie aber von anderen gehört habe und zeigen will, was so abgeht" (im Beobachterteil) bzw. „eher unehrlich, weil mir solche Sachen zwar nicht passiert sind, ich sie aber bei anderen gesehen habe und zeigen will, was so abgeht" (im Opferteil) bzw. „eher unehrlich, weil ich solche Sachen zwar nicht gemacht habe, ich sie aber bei anderen gesehen habe und zeigen will, was so abgeht" (im Täterteil), und „ich würde so antworten, dass unsere Schule schlechter dasteht, als sie in Wirklichkeit ist, weil ich es cool finde, wenn sie einen schlechten Ruf hat (,,krasse Schule")." Ersteres spielt mit 7.6 % der insgesamt angegebenen Verfälschungstendenzen lediglich eine marginale Rolle, die letztgenannte Antwortmöglichkeit wurde überhaupt nicht verwendet (siehe Tabelle 36). Auf Grund der Resultate des Befragungsbogens ließe sich allenfalls ein geringfügige Tendenz zu Übertreibungen vermuten.

Tabelle 36: Gruppenbefragung, angegebene Verfälschungstendenzen absolut

	Richtung der Tendenz: Übertreibung oder Unter- treibung	absolut	Prozent
vielleicht ehrlich	Unklar	108	48.0
eher unehrlich	Unklar	69	30.7
eher unehrlich, weil ich Angst hätte, dass vielleicht doch jemand herausbekommen könnte, was ich da angekreuzt habe	Unklar	13	5.8
ohne mir viel Gedanken zu machen, einfach ir- gend etwas	Unklar	0	0.0
es würde mir Spaß machen, mir dabei irgend- einen Unsinn auszudenken („Verarschung": z.B. absichtlich Falsches ankreuzen)	Unklar	0	0.0
ich könnte mich nicht mehr genau erinnern und würde trotzdem irgend etwas ankreuzen	Unklar	3	1.3
weil ich von mir aus wenig sagen könnte, würde ich mit überlegen, was wohl andere Jungen/Mädchen oder Freunde/Freundinnen ankreuzen und das dann ankreuzen	Unklar	3	1.3
ich würde so antworten, dass unsere Schule besser dasteht, als sie in Wirklichkeit ist, weil ich nicht will, dass sie einen schlechten Ruf bekommt	Untertrei- bung	12	5.3
eher unehrlich, weil ich solche Sachen zwar nicht gesehen/mir nicht passiert/ich nicht gemacht habe, ich sie aber von anderen gehört/bei ande- ren gesehen habe und zeigen will, was so abgeht	Übertreibung	17	7.6
ich würde so antworten, dass unsere Schule schlechter dasteht, als sie in Wirklichkeit ist, weil ich es cool finde, wenn sie einen schlechten Ruf hat („krasse Schule")	Übertreibung	0	0.0
gesamt		225	100.0

Genauere Aussagen lassen sich über die Verfälschungstendenzen der Pbn der Interviewstichprobe machen. Die qualitative Inhaltsanalyse der angegebenen Gründe ergab 11 Kategorien, wovon 10 zur Erklärung der Verfälschungstendenzen bei den einzelnen Fragen heran gezogen wurden.[45] Neun dieser zehn Kategorien (KMT, AOD, APD, FBE, SSB, RDS, STÜ, SCH, BAG) führen dazu, dass Sachverhalte verschwiegen werden. Lediglich bei der **Kategorie AMA** (Aufmerksam machen) werden gezielt Sachverhalte angekreuzt, die sich nicht ereignet haben. Die Pbn äußerten bei 38 Fragen Verfälschungstendenzen auf der Realitätsebene, wovon lediglich 2 durch die Kategorie AMA erklärt wurden (vgl. Tabelle 34). Rein quantitativ betrachtet stehen also 36 Fragen, bei denen Verfälschungstendenzen geäußert wurden, die zu Untertreibung führen, 2 Fragen gegenüber, bei denen eine Übertreibung zu erwarten ist (Proband 4 bei Frage G1 und Proband 9 bei Frage P1). Betrachtet man diese beiden Fälle inhaltlich, so können weitere Aussagen getroffen werden: Proband 9 gibt an, den Sachverhalt in Frage b1 (...beobachtet: Prügelei eins gegen eins) beobachtet zu haben und dass er Frage b1 eher ehrlich beantworten würde. Lediglich wenn ein Fragebogen die Frage b1 nicht enthalten würde (er also nicht die Möglichkeit hätte, seine Beobachtung wahrheitsgemäß mitzuteilen), würde er Frage p1 (...passiert: verprügelt von einem) so beantworten, als ob ihm dieser Sachverhalt passiert sei. Die Kategorie AMA trifft in diesem Fall also nur zu, wenn man von einer isolierten Vorgabe der Frage p1 ohne Frage b1 ausgeht, d.h. der Kontext unbeachtet bleibt.

> Ja... nein, übertreiben würde ich nicht. Ich würde nur ankreuzen, was wirklich passiert. Halt nicht mir. Wenn... wenn jetzt beide Fragen dastünden: Ob ich so etwas gesehen habe und ob mir so etwas passiert ist. Dann würde ich ankreuzen: Ja, habe ich gesehen, Nein, ist mir nicht passiert. Wenn aber nur dasteht: Bist du verprügelt worden? Dann würde ich Ja ankreuzen, um zu zeigen, dass so etwas passiert.
> (Proband 9, 294 – 298)

Proband 4 gibt an, dass ihm der Sachverhalt in Frage p1 (...passiert: verprügelt von einem) passiert ist, er die Frage danach aber aus Furcht vor einem Konflikt mit den Tätern nur *vielleicht* ehrlich beantworten würde.

> „Ja, äh... wenn des rauskommen würde. Dass der vielleicht in einer Gruppe auf mich losgehen könnte... und... vielleicht mich noch mal verprügelt. Mit mehrere.
> (Proband 4, 233 – 234)

Bei Frage g1 gibt er dann jedoch an, so zu antworten, als ob er Sachverhalt g1 getan hätte, was aber nicht der Fall sei. Dies würde er deshalb tun, weil es ihm schließlich selber passiert sei.

---

[45] Die Kategorie UBE wurde hierbei nicht berücksichtigt. Sie beschreibt die Möglichkeit, dass eventuell der gesamte (fiktive) Gewaltfragebogen willkürlich bearbeitet wird.

Des passiert ja wirklich. Mir auch... mir ist es auch passiert. [...getan: Prügelei eins gegen eins] *Hast du das denn gemacht? –* Nein. *Und trotzdem würdest du es ankreuzen? –* Ja. *Warum? –* Wegen der Sicherheit. Dass die Lehrer an sich mehr aufpassen."

(Proband 4, 355 – 367)

Die Intention ist also in beiden Fällen nicht eine Übertreibung, sondern auf das Vorkommen von Sachverhalten hinzuweisen, wenn dazu an anderer Stelle keine Gelegenheit besteht – entweder weil die entsprechende Frage im Fragebogen nicht enthalten ist (Proband 9) oder negative Konsequenzen befürchtet werden (Proband 4). Geht man von einer Befragung gemäß der Situationsvorgabe aus, würde es bei Proband 9 zu keiner Übertreibung kommen. Bei Proband 4 läge bei Frage g1 eine Verfälschungstendenz Richtung Übertreibung vor, der allerdings eine inhaltlich zusammenhängende Verfälschungstendenz bei Frage p1 in Richtung Untertreibung gegenübersteht. Darüber hinaus wurden bei der Auswertung der Einzelinterviews keine Anzeichen für Übertreibungstendenzen – etwa einer übertrieben gewalttätigen Selbstdarstellung im Sinne einer jugendlichen Subkultur – gefunden.

Aus den vorliegenden Informationen kann das Antwortverhalten der Pbn der Interviewstichprobe im (fiktiven) Gewaltfragebogen aus der Situationsvorgabe ermittelt und den Selbstbeurteilungen bezüglich der Gewalthandlungen gegenüber gestellt werden (siehe Tabelle 25). Hierzu ist für jede einzelne Frage zu berücksichtigen, ob eine Verfälschungstendenz (vielleicht ehrlich/eher unehrlich) vorliegt (siehe Tabelle 29) und, unter Berücksichtigung der dafür gegebenen Begründungen (siehe Tabelle 34), welche Auswirkungen diese hat. Eine Schwierigkeit stellt bei diesem Vorgehen die Bewertung der „vielleicht ehrlich" – Antworten dar. Hier kann natürlich nicht eindeutig entschieden werden, ob daraus ehrliches oder unehrliches Antwortverhalten resultiert. Deshalb wird hier zur Veranschaulichung eine 100 %-Bedingung und eine 50 %-Bedingung eingeführt. Die 100 %-Bedingung geht davon aus, dass alle Fragen, bei denen die Pbn angeben, vielleicht ehrlich zu antworten, schließlich doch ehrlich beantwortet werden. Die 50 %-Bedingung geht davon aus, dass diese Fragen jeweils zur Hälfte ehrlich, zur Hälfte unehrlich beantwortet werden. In Tabelle 37 sind die Häufigkeiten der Sachverhalte b1 bis g4 angegeben, wie sie sich aus den Selbstbeurteilungen der Pbn in den Interviews ergeben. In den Zeilen darunter finden sich die Häufigkeiten, die angesichts der genannten Bedingungen bei einer Schulbefragung in der Stichprobe ermittelt worden wären.

Tabelle 37: Auswirkungen der geschilderten Verfälschungstendenzen und
Begründungen auf das Umfrageergebnis der Situationsvorgabe
(n = 9)

Anzahl Pbn, bei denen Sachverhalt zutrifft laut:	b1	b2	b3	b4	p1	p2	p3	p4	g1	g2	g3	g4
Selbstbeurteilung: (im Interview)	9	8	9	7	4	2	0	2	5	1	2	4
Angaben im Fragebogen: (100 %-Bedingung)	8	8	7	2	4	1	0	1	5	0	0	0
Angaben im Fragebogen: (50 %-Bedingung)	6	5.5	5.5	1.5	3	1	0	0.5	4	0	0	0

(Abkürzungen siehe Tabelle 22)

Bei einer Umfrage mittels des Gewaltfragebogens der Situationsvorgabe wäre es
also selbst unter der sehr optimistischen 100 %-Bedingung bei 8 der 12 Sachverhalte zu einer Unterschätzung der Häufigkeit gekommen. Unter der 50 %-
Bedingung wäre es bei 11 der 12 Fragen zu einer Unterschätzung der Häufigkeit
gekommen. Am deutlichsten sind hier wieder die Diskrepanzen bei den Fragen
im Zusammenhang mit Waffen (b4, g4). Die von den Pbn geäußerten Verfälschungstendenzen würden unter den konkreten Bedingungen der Situationsvorgabe also eindeutig zu einer Unterschätzung der Auftretenshäufigkeiten führen.

Für die Interviewstichprobe kann die Frage, ob die Verfälschungstendenzen
zu einer Über- oder Unterschätzungen des Gewaltniveaus führen, eindeutig beantwortet werden: Bei Einsatz des Fragebogens gemäß der Situationsvorgabe
wäre es nach Aussage der Pbn zu einer Unterschätzung der Auftretenshäufigkeit
der beschriebenen Gewalthandlungen gekommen. Auch die Ergebnisse der
Gruppenbefragung weisen in diese Richtung.

7 Resümee im Hinblick auf die schriftlichen Befragungen an Schulen

7.1 Fazit aus den dargestellten empirischen Befunden

Sowohl in der Gruppenbefragung als auch bei den Einzelinterviews gaben die Pbn an, dass sie bei einer Schulbefragung zum Thema Gewalt bei bestimmten Fragen unehrlich antworten würden. Was die Gruppenbefragung betrifft, so war der Anteil der Pbn, der feststellte, eher ehrlich zu antworten, bei den einzelnen Fragen zwischen 69.4 % und 22.2 %. Der Anteil derjenigen, die angaben, „vielleicht ehrlich" zu antworten, lag zwischen 13.9 % und 47.2 %, der Anteil derjenigen, die äußerten, eher unehrlich zu antworten, zwischen 16.7 % und 50.0 %. Besonders große Vorbehalte gegenüber ehrlicher Beantwortung bestehen bei Fragen in Zusammenhang mit Waffen. Die Fragen danach, ob die Pbn Waffen an der Schule beobachtet haben bzw. selber Waffen dorthin mitgebracht haben, wiesen mit 22.2 % bzw. 27.8 % die geringsten Anteile eher ehrlicher Antworten sowie mit 44.4 % bzw. 50.0 % die größten Anteile eher unehrlicher Antworten auf.

Die Einzelinterviews gaben Aufschluss über die Beweggründe der Pbn, Angaben zu verfälschen. Die Schüler gaben sowohl Gründe an, die als bewusste Simulationen/Dissimulationen mit relativ eindeutigen funktionalen Bezügen zu werten sind als auch solche, die eher als Selbstdarstellungstendenzen zu interpretieren wären. Diese können publikumsorientiert sein (als relevantes Publikum wird vor allem die Peergroup genannt) oder als Darstellung vor sich selbst bzw. vor einem internen Publikum gelten. Als Begründung für Verfälschungen wurde beispielsweise genannt, sich selbst bzw. Freunde nicht belasten oder keine Konflikte mit Tätern provozieren zu wollen.

Die Ergebnisse zeigen, dass seitens der Pbn deutliche Zweifel an der Anonymität von Schulbefragungen existieren und diese zu Verfälschungen führen können. Neben der Anonymität gegenüber dem Interviewer spielt für die Schülerinnen und Schüler die Anonymität gegenüber der Peergroup eine wichtige Rolle. Viele der geäußerten Verfälschungstendenzen stehen im Zusammenhang mit der Befürchtung, dass Klassenkameraden Einblick in den Fragebogen nehmen könnten. So gaben beispielsweise Pbn an, unehrlich zu antworten, um nicht von Klassenkameraden als „Petze" oder als Opfer angesehen zu werden. Es wurden aber auch Gründe für Verfälschungen genannt, die unabhängig davon bestehen, ob die Pbn auf die Anonymität der Befragung vertrauen oder nicht. Einige Pbn fürchten, dass Umfrageergebnisse dem Ruf der Schule schaden oder zu einer stärkeren Überwachung durch Lehrer oder die Polizei führen könnten. Ein Teil der Schüler will nicht ankreuzen, was sie/er gesehen hat bzw. was ihr/ihm passiert ist, um sich nicht als „Petze" oder als Opfer zu fühlen, und zwar unabhängig davon, ob andere davon erfahren oder nicht. Das heißt, dass auch bei anonymen Befragungen das Selbstbild keineswegs unwichtig sein dürfte. Die Wichtigkeit der jeweils gegebenen spezifischen situativen Bedingungen für die Begründungen wird bei den Interviews deutlich.

Eine Schulbefragung stellt sich somit nach unseren Ergebnissen als hoch komplexe soziale Situation dar. Einflussfaktoren sind einerseits die Absichten und Ziele der Pbn, andererseits der konkrete Kontext, in dem die Befragung stattfindet. Das Antwortverhalten wird oft durch eine Vielzahl zum Teil konkurrierender Motivationen bestimmt. Die Ergebnisse belegen, dass bei einer schriftlichen Schulbefragung bezüglich Erhebungen zu beobachteter Gewalt als auch selbst erfahrener und selbst ausgeübter Gewalt mit einem – bei bestimmten Themen erheblichen – Anteil an Verfälschungen zu rechnen ist, der insgesamt zu einer Unterschätzung des Gewaltniveaus führt.

7.2 Zur Kritik der durchgeführten Untersuchung

Die Anzahl der hier herangezogenen Pbn fordert gewiss Kritik heraus. Unter den gegebenen Bedingungen (Vertrautheit mit dem Untersucher, Einverständnis und Kooperation der Schule, anschließende Interviews) war es nicht möglich, weitere Schülerinnen und Schüler heranzuziehen. Dies muss bei einer weitgehend qualitativ ausgerichteten explorativen Studie gegenüber eher oberflächlich bleibenden Massenerhebungen kein Nachteil sein. Unser Vorgehen konnte vielmehr Voraussetzungen schaffen, um eine günstige Motivation und vor allem möglichst weitgehende Ehrlichkeit – auch und gerade was Unehrlichkeit betrifft! – zu erreichen. Die aufwendigen qualitativen Interviews und deren Auswertungen mussten aus zeitökonomischen Gründen auf noch weniger Pbn begrenzt werden. Dennoch waren die damit erzielten Informationen bemerkenswert, vor allem hinsichtlich der teilweise von der vorherigen schriftlichen Befragung abweichenden Resultate. Es wäre gewiss wünschenswert, unsere Ergebnisse anhand weiterer Personengruppen und zahlreicher Pbn zu replizieren. Vorerst können die Resultate aber dennoch zur Vorsicht mahnen, was die Interpretationen oberflächlicherer Massenbefragungen betrifft. Auch bezüglich der hier dargestellten Untersuchung wäre gewiss Zurückhaltung im Hinblick auf Verallgemeinerungen angebracht. Vor allem muss offen bleiben, inwieweit sich die gefundenen Verfälschungstendenzen auf andere inhaltliche Themenbereiche übertragen lassen. Unsere eigenen Untersuchungsergebnisse – auch was die Voruntersuchungen betrifft – weisen einerseits darauf hin, dass umso eher mit Unehrlichkeit bzw. Verfälschung zu rechnen ist, je kritischer sich die angesprochene Thematik hinsichtlich sozialer Erwünschtheit darstellt. Auf der anderen Seite fanden wir auch Anhaltspunkte für ein Verschweigen bei weniger gravierenden Sachverhalten; als Bagatellen erlebte Gegebenheiten werden unter Umständen auch wiederum nicht realitätsentsprechend behandelt (z.B. im Falle einer unernsten Bearbeitung). Insofern ist keineswegs vorherzusagen, inwieweit selbst bei „harmloseren" Befragungsinhalten Verfälschungen vorkommen können (hierzu Plaum, 1981). Köllisch & Oberwittler (2004) stellten jedoch fest, dass im Falle eindeutiger Delinquenz Bagatelldelikte eher mitgeteilt wurden als ernstere Straftaten, andererseits Intensivtäter mit entsprechend gefestigtem Selbstbild wiederum ehrlicher antworteten.

Zum Stil des Interviews wurde bereits Stellung genommen; hierzu mag ebenfalls Kritisches zu bemerken sein, man sollte jedoch bedenken, dass die Art des Umgangs mit den Pbn durch die besondere Beziehung des Untersuchers mit diesen geprägt ist. Von daher sind gewisse unmittelbare Direktheiten zu verstehen. Die Interviews lassen erkennen, dass sich die Pbn in ihren Reaktionen wohl kaum im Sinne von Suggestionen oder sonstigen ungünstigen Wirkungen beeinflussen ließen.

Schließlich mag die von uns vorgenommene Verknüpfung von qualitativer und quantitativer Forschung ganz grundsätzliche methodische Kritik erfahren. Wir vermögen aber erstens nicht zu sehen, weshalb ein solches Vorgehen problematisch sein sollte (Plaum, 1992, 2004) und zweitens erschien uns dieses in Anbetracht der realen Möglichkeiten durchaus optimal.

7.3 Zusammenfassung der Hauptuntersuchung

Ausgehend von Feststellungen in der einschlägigen Literatur, wonach auf Grund anonymer Befragungen in Schulen zu beobachteter, erlittener und selbst ausgeübter Gewalt ein realitätsentsprechendes Bild derselben zu gewinnen sei, führten wir eigene Untersuchungen mit 36 Schülerinnen und Schülern zweier Hauptschulklassen eines „Problemviertels" einer westdeutschen Großstadt durch, mit dem Ziel, mögliche Verfälschungstendenzen bei der Beantwortung von Fragebögen aufzudecken. Anders als bei bisher vorliegenden Erhebungen stellte der Untersucher auf Grund seiner sozialarbeiterischen Tätigkeit für die Pbn eine Vertrauensperson dar. Er war mit dem Milieu dieses Viertels und den dort gegebenen Problemen gut bekannt. Insofern gingen Aspekte einer teilnehmenden Beobachtung zumindest in die Planung der Untersuchung ein. Das methodische Vorgehen derselben ist zwischen einer qualitativen und einer quantitativen Sozialforschung anzusiedeln, es wurde zwar eine „anonyme" Befragung an der Schule durchgeführt; diese unterschied sich aber in einigen Punkten von der üblichen Prozedur.

Der erste betrifft den erwähnten Bekanntheitsgrad des Untersuchers und somit die Einbettung der Befragung nicht nur in die gewohnte schulische Umgebung sondern auch in eine mehr oder weniger vertraute zwischenmenschliche Beziehung; Skepsis und Misstrauen gegenüber dem vorgelegten Befragungsbogen und den Absichten des Untersuchers konnten so minimiert werden. Sodann führte dieser mit einschlägigen Beispielen in die Thematik der Befragung ein, was zu einer zwanglosen Gruppendiskussion im Hinblick auf mögliche Gründe für Verfälschungen überleitete. Diese exploratorische Annäherung an den Forschungsgegenstand erbrachte bereits erste strukturierende Hinweise – im Sinne einer qualitativen Sozialforschung – bezüglich des weiteren Vorgehens. Drittens schließlich war der vorgelegte Befragungsbogen keiner der üblichen Art. Auf Grund der Voruntersuchungen handelte es sich vielmehr um eine *direkte* Erhebung individueller Verfälschungstendenzen anhand vorgegebener Items zum Thema Gewalt an Schulen, worauf aber nicht unmittelbar inhaltlich Bezug zu nehmen war, sondern lediglich angegeben werden sollte, ob man entsprechende Fragen verfälschend beantworten würde oder nicht, Was die eigentlichen Vorgaben zur Gewalt betrifft, so hatten sich die Pbn diesbezüglich auf eine Meta-Ebene zu begeben, um von daher ihr mögliches, fiktives Antwortverhalten zu bedenken. Man könnte daher unser Erhebungsinstrument als einen „Metafragebogen" bezeichnen. Nicht zuletzt weil diese Anforderung einige Konzentration erforderte, lenkte der Untersucher die Bearbeitung derart, dass ein mentales Abgleiten erschwert wurde.

Die besonderen Bedingungen der Untersuchung ließen eine Massenerhebung nicht zu. Aus den erwähnten Gründen standen tatsächlich nur wenige Schüler zur Verfügung. Das muss bei einer qualitativ orientierten Studie kein Nachteil sein. Dieser methodische Aspekt kam vor allem in den anschließenden Interviews mit 9 (bis auf eine Ausnahme nach Zufall ausgewählten) Schülern zum Tragen. Diese vollständig aufgezeichneten Gespräche ließen im Vergleich mit der schriftlichen Befragung bemerkenswerte Relativierungen der Aussagen zur Ehrlichkeit erkennen, die fast ausschließlich in Richtung deutlicherer Unehrlichkeit gingen. Doch auch die Ergebnisse des „Meta-Fragebogens" zeigten bereits ein erhebliches Ausmaß an Verfälschungstendenzen. Werden die Gesamtergebnisse dieser schriftlichen Befragung entsprechend den im Interview relativierten Aussagen korrigiert, so kommt man – je nach Item – auf verfälschende Tendenzen mindestens zwischen 30 und 83 % der Aussagen; da solche Korrekturen nur bei einem Viertel der untersuchten Schüler vorgenommen werden konnten (denjenigen, die zusätzlich zur Gruppenbefragung an einem Einzelinterview teilnahmen), sind diese Anteile insgesamt höher einzuschätzen. Die eher optimistische Einschätzung der Validität von Selbstberichten, etwa bei Köllisch & Oberwittler (2004) wäre von daher in Zweifel zu ziehen.

Unsere Ergebnisse verbieten es, Befragungen zum Thema Gewalt an Schulen allzu optimistisch zu betrachten; inwieweit Übertragungen auf andere inhaltliche Themenbereiche zu rechtfertigen wären, sei dahingestellt. Hierzu sollten weitere Untersuchungen durchgeführt werden, wie auch unsere eigenen gewiss anderweitiger Bestätigungen bedürften. Die dargestellten Untersuchungen fanden an einer „problematischen" Hauptschule in einem sogenannten sozialen Brennpunkt statt. Übertragungen der Resultate auf andere Schularten und Wohngegenden sind daher grundsätzlich nicht möglich. Da jedoch gerade Hauptschulen bekanntlich als Brennpunkte der Gewalt gelten, ist eine Fokussierung des Interesses auf diese durchaus vordringlich (hierzu auch Köllisch & Oberwittler, 2004). Dennoch wäre es gewiss wichtig, zu wissen, zu welchen Ergebnissen derartige Untersuchungen unter anderen Bedingungen führen würden.

8 Gesamtzusammenfassung

Die vorliegende Arbeit hat als Ausgangspunkt und Ziel die Frage der Gewalt im schulischen Umfeld. Es war allerdings nicht die Absicht, zu diesem Problemfeld einfach eine weitere empirische Untersuchung durchzuführen, sondern methodenkritisch vorzugehen. Den üblichen Befragungen steht nämlich die Verfälschbarkeit von Selbstaussagen gegenüber. Auf einer solchen Basis lassen sich keine Verallgemeinerungen im Hinblick auf Qualität und Quantität aggressiver Verhaltensweisen im schulischen Umfeld rechtfertigen. Das Problem der Verfälschbarkeit bei den zwangsläufig eher oberflächlichen Befragungen größerer Personengruppen, zumal eine derart kritische Thematik betreffend, kann – entgegen geläufiger Annahmen – nicht durch die „Anonymität" von Erhebungen befriedigend gelöst werden und erscheint somit unüberwindlich. Unehrlichkeit bezüglich des Antwortverhaltens bleibt unerkannt. Da dies so ist, muss man bei jeder Befragung zu aggressivem Verhalten mit erheblicher Ungewissheit rechnen. Dieser Schwierigkeit lässt sich möglicherweise wenigstens teilweise begegnen, wenn eine Vertrauensperson Erhebungen im Sinne einer qualitativen Sozialforschung durchführt. Weil dies aber mit erheblichem Aufwand verbunden ist, sind dabei nur Untersuchungen mit wenigen Pbn realistisch.

Um hier dennoch ein wenig weiterzukommen, hatten wir die – zugegebenermaßen recht verwegene – Idee, wenn schon Verfälschungen von vornherein mit einzukalkulieren sind, einfach nach der Ehrlichkeit bei der Beantwortung *fiktiver* Items zum Thema Aggressivität zu fragen, in der Hoffnung, dass sich auf diese Weise hierzu vielleicht grobe Anhaltspunkte ergeben könnten. Dem lag die alltagsbezogene Vorstellung zu Grunde, dass „ein bisschen mogeln" vielleicht weniger sozial unerwünscht sein mag als das direkte Zugeben gewalttätigen Verhaltens. Zu diesem Zweck entwickelte der Koautor zwei sogenannte Metafragebögen, die (unter anderem) den Bereich Aggressivität nur indirekt zum Thema hatten, insofern als hier lediglich zur Ehrlichkeit bei der Beantwortung fiktiver einschlägiger Fragebogenitems Stellung genommen werden sollte. Zunächst wurde ein erstes Erhebungsinstrument Hörerinnen/Hörern einer Anfängervorlesung vorgegeben, ein zweites – bereits spezifischer auf aggressives Verhalten bezogen – konnte an einer Gruppe von 58 Jugendlichen erprobt werden. Dieser methodische Umweg erschien unumgänglich, um festzustellen, ob man mit derartigen „Metafragebögen" zur Ehrlichkeit hinsichtlich einer bestimmten Thematik überhaupt in sinnvoller Weise arbeiten kann, bevor damit die Frage der Gewalt im schulischen Umfeld anzugehen war.

Die Ergebnisse bei den Studierenden erschienen durchaus ermutigend, weil sich doch ein nennenswerter Prozentsatz der Teilnehmer gerade bezüglich des Themas Aggressivität zu einer (gewissen) Unehrlichkeit bekannte. Dagegen schien die Gruppe der Jugendlichen auf den ersten Blick „ehrlicher", was aber dann doch angesichts massiver Hinweise in Richtung nicht realitätsgerechter Antworten entscheidend revidiert werden musste. Auf Grund der Gesamtheit der erzielten Resultate meinten wir, mittels eines solchen „Metafragebogens" zumindest Hinweise bezüglich der Brauchbarkeit gängiger Erhebungstechniken zur Gewaltbereitschaft auch im schulischen Umfeld gewinnen zu können. Damit war natürlich allenfalls indirekt auf das mögliche Ausmaß sowie die Qualität aggressiven Verhaltens zu schließen. Immerhin erscheint es uns denkbar, dass die diesbezüglich zugegebene Ehrlichkeit bzw. Unehrlichkeit entsprechende Angaben in der Literatur eventuell doch deutlich relativieren könnte. Das wäre bereits ein wichtiger Schritt, um die Realität von Aggressionshandlungen im schulischen Alltag besser einschätzen zu können. Wir blieben aber nicht bei diesen Erhebungen stehen, die – wie alle einfachen Befragungen – ebenfalls mit den bekannten methodischen Mängeln behaftet sind, sondern wollten die dabei erzielten Resultate nochmals hinterfragen (und damit gegebenenfalls korrigieren), indem eine Vertrauensperson mit sehr wenigen Pbn ausführliche Interviews durchführte. Dies entspricht einer qualitativ vorgehenden sozialwissenschaftlichen Forschung. Unsere Methodik kann somit gekennzeichnet werden als eine wenigstens ansatzweise multimethodale Kombination unterschiedlicher Ansätze.

Bei diesem Vorgehen, da nur die Ehrlichkeit, nicht aber aggressives Verhalten als solches angesprochen wird, lässt sich, – wie gesagt – wenn überhaupt, so doch allenfalls indirekt auf reale Gewaltbereitschaft an Schulen schließen. Diese unmittelbar anzugehen, entsprach jedoch nicht unserer Absicht. Was wir in erster Linie leisten wollten, war die Relativierung vorliegender empirischer Resultate zu aggressivem Verhalten. Vor allem die an der Schule durchgeführten Hauptuntersuchungen zeigen, dass dieses Ziel zumindest annähernd erreicht worden ist. Folglich darf man bei üblichen „anonymen" Befragungen zu einer derart kritischen Thematik, wie sie die Aggressivität darstellt, keineswegs davon ausgehen, die Wirklichkeit adäquat zu erfassen. Diese Erkenntnis sollte in Zukunft Berücksichtigung finden.

9 Literaturverzeichnis

Amelang, M. & Bartussek, D. (4. Auflage 1997). Differentielle Psychologie und Persön-
lichkeitsforschung. Stuttgart: Kohlhammer. [6. Auflage 2006].

Amelang, M. & Zielinski, W. (1994). Psychologische Diagnostik und Intervention. Berlin: Springer-Verlag.

Biedermann, T. (2007). Beiträge zur Aggressionsdiagnostik. Hamburg: Dr. Kovač

Biedermann, T. & Plaum, E. (2001). Aggressive Jugendliche: Fakten, Theorien, Hinter-
gründe und methodische Zugangsweisen. Wiesbaden: Deutscher Universitäts-
Verlag.

Diekmann, A. (2002). Empirische Sozialforschung. Grundlagen, Methoden, Anwendun-
gen. Reinbek bei Hamburg: Rowohlt.

ETH Zürich. Gewalterfahrungen Jugendlicher im Kanton Zürich. Medienmitteilung der
ETH Zürich zur Präsentation von Manuel Eisners ETH-Studie zur Jugendgewalt.
Online: http://www.aoa.ethz.ch/eth-intern/99-00/15_99-00/Studie_15_99-00.html

von Felten, M. (2000). „...aber das ist doch lange nicht Gewalt". Empirische Studie zur
Wahrnehmung von Gewalt bei Jugendlichen. Opladen: Leske + Budrich.

Fisseni, H. (1997). Lehrbuch der psychologischen Diagnostik. Göttingen: Hogrefe.

Flick, U. (2000). Methodologie qualitativer Forschung. In: Flick, U., von Kardorff, E. &
Steinke, I. (Hrsg.). Qualitative Forschung. Ein Handbuch (S. 251-265). Reinbek bei
Hamburg: Rowohlt.

Flick, U., von Kardorff, E. & Steinke, I. (Hrsg.). (2000). Qualitative Forschung. Ein
Handbuch. Reinbek bei Hamburg: Rowohlt.

Flick, U. (2002). Qualitative Sozialforschung. Eine Einführung. Reinbek bei Hamburg:
Rowohlt.

Friedrichs, J. (1990). Methoden empirischer Sozialforschung. Opladen: Westdeutscher
Verlag.

Garz, D. & Kraimer, K. (Hrsg.). (1991). Qualitativ-empirische Sozialforschung. Konzep-
te, Methoden, Analysen. Opladen: Westdeutscher Verlag.

Gatzemann, A. (2000). Schule und Gewalt. Rekonstruktion der Biographie eines aggressiven und gewaltauffälligen Schülers und mögliche Handlungskonzepte im Umgang
mit gewaltbereiten Kindern und Jugendlichen. Bamberg: Wissenschaftlicher Verlag
Bamberg.

Hall, C. S., Linzey, G. & Campbell, J. B. (1998). Theories of Personality. New York:
John Wiley & Sons.

Hermanns, H. (2000). Interviewen als Tätigkeit. In: Flick, U., von Kardorff, E. & Steinke,
I. (Hrsg.). Qualitative Forschung. Ein Handbuch (S. 360-368). Reinbek bei Hamburg: Rowohlt.

Hoffmeyer-Zlotnik, J. H. P. (Hrsg.) (1992). Analyse verbaler Daten: über den Umgang mit qualitativen Daten. Opladen: Westdeutscher Verlag.

Hopf, C. & Weingarten, E. (Hrsg.) (1993). Qualitative Sozialforschung. Stuttgart: Klett-Cotta.

Von Kardorff, E. (2000). Qualitative Evaluationsforschung. In: Flick, U., von Kardorff, E. & Steinke, I. (Hrsg.). Qualitative Forschung. Ein Handbuch (S. 238-250). Reinbek bei Hamburg: Rowohlt.

Kleining, G. (1995). Lehrbuch Entdeckende Sozialforschung. Bd. 1. Von der Hermeneutik zur qualitativen Heuristik. Weinheim: Psychologie Verlags Union.

Klewin, G., Tillman, K.-J. & Weingart, G. (2002). Gewalt in der Schule. In: Heitmeyer, W. & Hagan, J. (Hrsg.). Internationales Handbuch der Gewaltforschung (S. 1078-1105). Wiesbaden: Westdeutscher Verlag.

Köllisch, T. (2002). Wie ehrlich berichten Jugendliche über ihr delinquentes Verhalten? Ergebnisse einer externen Validierung selbstberichteter Delinquenz. Arbeitspapiere aus dem Projekt „Soziale Probleme und Jugenddelinquenz im sozialökologischen Kontext" des Max-Planck-Instituts für ausländisches und internationales Strafrecht Freiburg i. Br./Nr. 7. Download-Version: http://www.iuscrim.mpg.de/forsch/onlinepub/workingpaper7.pdf

Köllisch, T., & Oberwittler, D. (2004). Wie ehrlich berichten männliche Jugendliche über ihr delinquentes Verhalten? Ergebnisse einer externen Validierung. Kölner Zeitschrift für Soziologie und Sozialpsychologie 56 (S. 708-735).

Kowal, S. & O´Connell, D. C. (2000). Zur Transkription von Gesprächen. In: Flick, U., von Kardorff, E. & Steinke, I. (Hrsg.). Qualitative Forschung. Ein Handbuch (S. 437-447). Reinbek bei Hamburg: Rowohlt.

Kromrey, H. (2002). Empirische Sozialforschung. Opladen: Leske + Budrich.

Landscheidt, K. (1998). Die Behandlung aggressiver/oppositioneller Kinder. Empirische Befunde und schulische Interventionsmöglichkeiten. Informationen für Schulpsychologinnen und Schulpsychologen, 44. Soest: Landesinstitut für Schule und Weiterbildung. Download-Version: http://www.rs-rees.nw.schule.de/leitung/aktiv/gesundes/gewalt/schulpsy/lands98.doc.

Lösel, F. (1999). Persönlichkeitsdaten (Tests). In: Jäger, S. & Petermann, F. (Hrsg.). Psychologische Diagnostik. Ein Lehrbuch (S. 362-380). Weinheim: Psychologie Verlags Union.

Manstead, A. S. R. & Semin, G. R. (1996). Methoden der Sozialpsychologie: Ideen auf dem Prüfstand. In: Stroebe, W., Hewstone, M. & Stephenson, G. M. (Hrsg.), Sozialpsychologie. Eine Einführung (S. 79 – 111). Berlin: Springer-Verlag.

Marcus, B. (2003). Persönlichkeitstests in der Personalauswahl: Sind „sozial erwünschte" Antworten wirklich nicht wünschenswert? Zeitschrift für Psychologie 211 (3) (S. 138-148).

Mayring, P. (1990). Einführung in die qualitative Sozialforschung. Eine Anleitung zu qualitativem Denken. München: Psychologie-Verlags-Union.

Mayring, P. (2000). Qualitative Inhaltsanalyse. In: Flick, U., von Kardorff, E. & Steinke, I. (Hrsg.). Qualitative Forschung. Ein Handbuch (S. 468-475). Reinbek bei Hamburg: Rowohlt.

Mayring, P. (2003). Qualitative Inhaltsanalyse. Grundlagen und Techniken. Weinheim: Beltz.

Meyer, A. (2001). Qualitative Forschung in der Kriminologie. Die Hallenser Biographiestudien zur Jugendgewalt. Frankfurt a. M.: Peter Lang.

Montada, L. (1998). Delinquenz. In: Oerter, R. & Montada, L. (Hrsg.). Entwicklungspsychologie. Ein Lehrbuch (S. 1024-1036). Weinheim: Psychologie Verlags Union.

Naplava, T. & Oberwittler D. (2002). Methodeneffekte bei der Messung selbstberichteter Delinquenz von männlichen Jugendlichen. Ein Vergleich zwischen schriftlicher Befragung in der Schule und mündlicher Befragung im Haushalt. Monatsschrift für Kriminologie und Strafrechtsreform, 85/2 (S. 401-423).

Oberwittler, D. (1993). Quantitative Aspekte der sozialwissenschaftlichen Gewaltforschung 1985 bis 1992. In: Schönfeld, G. (Hrsg.). Gewalt in der Gesellschaft. Eine Dokumentation zum Stand der sozialwissenschaftlichen Forschung seit 1985 (S. 9-25). Bonn: Informationszentrum Sozialwissenschaft.

Oberwittler, D. (2003). Geschlecht, Ethnizität, und sozialräumliche Benachteiligung. Überraschende Interaktionen bei sozialen Bedingungsfaktoren von Gewalt und schwerer Eigentumsdelinquenz von Jugendlichen. In: Lamnek, S. & Boatcă, M. (Hrsg.) Geschlecht – Gewalt – Gesellschaft (S. 269 – 294). Opladen: Leske + Budrich.

Oberwittler, D. & Naplava, T. (2002): Auswirkungen des Erhebungsverfahrens bei Jugendbefragungen zu ‚heiklen' Themen – schulbasierte schriftliche Befragung und haushaltsbasierte mündliche Befragung im Vergleich. ZUMA-Nachrichten 51 (S. 49-77).

Oerter, R. & Dreher, E. (1998). Jugendalter. In: Oerter, R. & Montada, L. (Hrsg.). Entwicklungspsychologie. Ein Lehrbuch (S. 310-395). Weinheim: Psychologie Verlags Union.

Olweus, D. (1996). Gewalt in der Schule. Was Lehrer und Eltern wissen sollten – und tun können. Bern: Huber.

Petermann, F. & Petermann, U. (2000). Aggressionsdiagnostik. Göttingen: Hogrefe.

Plaum, E. (1981). Methodische Probleme einer Diagnostik auf interaktionstheoretischer Basis. Psychologie und Praxis 25 (S. 91-81).

Plaum, E. (1985). Leistungsmotivation bei Jugendlichen: Methodische Probleme und empirische Befunde. In: D. Liepmann und A. Stiksrud (Hrsg.), Entwicklungsaufgaben und Bewältigungsprobleme in der Adoleszenz (S. 159-167). Göttingen: Hogrefe.

Plaum, E. (1991). „Psychische Sättigung" – ein zu wenig beachtetes Konzept der Lewin-Schule. Gestalt Theory, 13 (S.159-164).

Plaum, E. (1992). Psychologische Einzelfallarbeit. Einführendes Lehrbuch zu den Voraussetzungen einer problemorientierten Praxistätigkeit. Stuttgart: Enke

Plaum, E. (1996). Einführung in die Psychodiagnostik. Darmstadt: Primus-Verlag.

Plaum, E. (2002). Probleme und Perspektiven der Erfassung von Persönlichkeitsvariablen: Zurück zu Lewin? In: Jüttemann, G. & Thomae, H. (Hrsg.). Persönlichkeit und Entwicklung (S. 262-287). Weinheim: Beltz.

Plaum, E. (2004). Zur Rahmenkonzeption einer humanen Einzelfalldiagnostik. In: Jüttemann, G. (Hrsg.). Psychologie als Humanwissenschaft (S. 213-227). Göttingen:
Vandenhoeck & Ruprecht.

Richardson, S. A., Dohrenwend, B. S. & Klein, D. (1993). Die „Suggestivfrage". Erwartungen und Unterstellungen im Interview. In: Hopf, C. & Weingarten, E. (Hrsg.).
Qualitative Sozialforschung. Stuttgart: Klett-Cotta.

Schäfer, M. & Frey, D. (Hrsg.). (1999). Aggression und Gewalt unter Kindern und Jugendlichen. Göttingen: Hogrefe.

Schaipp, C. & Plaum, E. (1995). „Projektive Techniken": Unseriöse „Tests" oder wertvol-
le qualitative Methoden? Bonn: Deutscher Psychologen Verlag.

Schnell, R., Hill, P. B. & Esser, E. (1999). Methoden der empirischen Sozialforschung.
München: Oldenbourg.

Schütz, A. & Marcus, B. (2004). Selbstdarstellung in der Diagnostik. Die Testperson als
aktives Subjekt. In: Jüttemann, G. (Hrsg.). Psychologie als Humanwissenschaft (S.
198-212). Göttingen: Vandenhoeck & Ruprecht.

Silbereisen, R. K. (1998). Entwicklungspsychologische Aspekte von Alkohol- und Dro-
gengebrauch. In: Oerter, R. & Montada, L. (Hrsg.). Entwicklungspsychologie. Ein
Lehrbuch (S. 1056-1068). Weinheim: Psychologie Verlags Union.

Spöhring, W. (1995). Qualitative Sozialforschung. Stuttgart: Teubner.

Steinke, I. (1999). Kriterien qualitativer Forschung. Ansätze zur Bewertung qualitativ-
empirischer Sozialforschung. München: Juventa.

Steinke, I. (2000). Gütekriterien qualitativer Forschung. In: Flick, U., von Kardorff, E. &
Steinke, I. (Hrsg.). Qualitative Forschung. Ein Handbuch (S. 319-331). Reinbek bei
Hamburg: Rowohlt.

Strauss, A. L. (1991). Grundlagen qualitativer Sozialforschung. Datenanalyse und Theo-
rienbildung in der empirischen soziologischen Forschung. München: Fink.

Zimbardo, P. G. & Gerrig, R. J. (1999). Psychologie. Berlin: Springer.

Anhang C

Bitte keinen Namen auf die Blätter schreiben!

Meine Einstellung zum Fragenbeantworten

Alter: .... Jahre

Geschlecht: ☐ weiblich

                                      ☐ männlich

Derzeitige Tätigkeit: ☐ Schülerin / Schüler   Klasse: ....

                                      ☐ Hauptschule

                                      ☐ Realschule

                                      ☐ Gymnasium

                                      ☐ ....

                                      ☐ Auszubildender / Auszubildende als ....

                                      ☐ Sonstiges: ....

Fragen beantworten und Fragebögen ausfüllen mache ich:

(nur *eine* Antwort aussuchen und ankreuzen)

☐ sehr gern

☐ eigentlich schon gern

☐ weder gern noch ungern

☐ nicht besonders gern

☐ überhaupt nicht gern

Weil ich nicht besonders gern oder überhaupt nicht gern Fragebogen ausfülle, mache ich es so:

(nur *eine* Antwort aussuchen und ankreuzen)

☐ ich gebe mir Mühe, trotzdem alles so wie es wirklich ist oder wie ich es tatsächlich meine, zu sagen oder hinzuschreiben

☐ ich überlege nicht lange, sondern sage oder schreibe irgendetwas und bin froh, wenn ich das hinter mir habe

☐ ich ärgere mich und sage oder schreibe etwas, was gar nicht richtig ist, extra, nur so „aus Blödsinn" („Verarschung")

☐ ich ärgere mich nicht, aber ich finde es ganz lustig, irgendeinen Blödsinn zu sagen („Verarschung")

Noch einmal – ganz ehrlich : Wie ehrlich ist denn das gemeint, was du auf Fragen antwortest oder bei Fragebögen angibst?

(nur eine Antwort aussuchen und ankreuzen)

☐ sehr ehrlich

☐ im großen und ganzen schon ehrlich

☐ teils-teils

☐ nicht besonders ehrlich

☐ unehrlich

STOP !

KONZENTRATION !

Wenn in einem Fragebogen stehen würde:

In den letzten 12 Monaten habe ich mindestens alle paar Monate gesehen, dass sich zwei Schüler / zwei Schülerinnen geprügelt haben.

Ja ∎   Nein ∎

Wie würdest du dann ankreuzen:
(soweit es geht, nur eine Antwort aussuchen und ankreuzen)

☐ eher ehrlich

☐ vielleicht ehrlich

☐ eher unehrlich

☐ eher unehrlich, weil ich Angst hätte, dass vielleicht doch jemand herausbekommen

könnte, was ich da angekreuzt habe

☐ eher unehrlich, weil ich solche Sachen zwar nicht selber gesehen habe, ich sie aber von

anderen gehört habe und zeigen will, was so abgeht

☐ ohne mir viel Gedanken zu machen, einfach irgend etwas

☐ es würde mir Spaß machen, mir dabei irgend einen Blödsinn auszudenken

(„Verarschung": z.B. absichtlich Falsches ankreuzen)

☐ ich könnte mich nicht mehr genau erinnern und würde trotzdem irgend etwas ankreuzen

☐ weil ich dazu von mir aus wenig sagen könnte, würde ich mir überlegen, was wohl

andere Jungen / Mädchen oder Freunde / Freundinnen ankreuzen und das dann

ankreuzen

☐ ich würde so antworten, dass unsere Schule besser dasteht, als sie in Wirklichkeit ist,

weil ich nicht will, dass sie einen schlechten Ruf bekommt

☐ ich würde so antworten, dass unsere Schule schlechter dasteht, als sie in Wirklichkeit

ist, weil ich es cool finde, wenn sie einen schlechten Ruf hat („krasse Schule")

Wenn in einem Fragebogen stehen würde:

In den letzten 12 Monaten habe ich mindestens alle paar Monate gesehen, dass jemand einem /
einer anderen gewaltsam etwas weggenommen hat.

Ja ■   Nein ■

Wie würdest du dann ankreuzen:
(soweit es geht, nur eine Antwort aussuchen und ankreuzen)

☐ eher ehrlich

☐ vielleicht ehrlich

☐ eher unehrlich

☐ eher unehrlich, weil ich Angst hätte, dass vielleicht doch jemand herausbekommen

könnte, was ich da angekreuzt habe

☐ eher unehrlich, weil ich solche Sachen zwar nicht selber gesehen habe, ich sie aber von

anderen gehört habe und zeigen will, was so abgeht

☐ ohne mir viel Gedanken zu machen, einfach irgend etwas

☐ es würde mir Spaß machen, mir dabei irgend einen Blödsinn auszudenken

(„Verarschung": z.B. absichtlich Falsches ankreuzen)

☐ ich könnte mich nicht mehr genau erinnern und würde trotzdem irgend etwas ankreuzen

☐ weil ich dazu von mir aus wenig sagen könnte, würde ich mir überlegen, was wohl

andere Jungen / Mädchen oder Freunde / Freundinnen ankreuzen und das dann

ankreuzen

☐ ich würde so antworten, dass unsere Schule besser dasteht, als sie in Wirklichkeit ist,

weil ich nicht will, dass sie einen schlechten Ruf bekommt

☐ ich würde so antworten, dass unsere Schule schlechter dasteht, als sie in Wirklichkeit

ist, weil ich es cool finde, wenn sie einen schlechten Ruf hat („krasse Schule")

Wenn in einem Fragebogen stehen würde:

In den letzten 12 Monaten habe ich mindestens alle paar Monate gesehen, dass mehrere zusammen einen Jungen / ein Mädchen verprügelt haben.

Ja ■   Nein ■

Wie würdest du dann ankreuzen:
(soweit es geht, nur eine Antwort aussuchen und ankreuzen)

☐ eher ehrlich

☐ vielleicht ehrlich

☐ eher unehrlich

☐ eher unehrlich, weil ich Angst hätte, dass vielleicht doch jemand herausbekommen könnte, was ich da angekreuzt habe

☐ eher unehrlich, weil ich solche Sachen zwar nicht selber gesehen habe, ich sie aber von anderen gehört habe und zeigen will, was so abgeht

☐ ohne mir viel Gedanken zu machen, einfach irgend etwas

☐ es würde mir Spaß machen, mir dabei irgend einen Blödsinn auszudenken („Verarschung": z.B. absichtlich Falsches ankreuzen)

☐ ich könnte mich nicht mehr genau erinnern und würde trotzdem irgend etwas ankreuzen

☐ weil ich dazu von mir aus wenig sagen könnte, würde ich mir überlegen, was wohl andere Jungen / Mädchen oder Freunde / Freundinnen ankreuzen und das dann ankreuzen

☐ ich würde so antworten, dass unsere Schule besser dasteht, als sie in Wirklichkeit ist, weil ich nicht will, dass sie einen schlechten Ruf bekommt

☐ ich würde so antworten, dass unsere Schule schlechter dasteht, als sie in Wirklichkeit ist, weil ich es cool finde, wenn sie einen schlechten Ruf hat („krasse Schule")

Wenn in einem Fragebogen stehen würde:

In den letzten 12 Monaten habe ich mindestens alle paar Monate gesehen, dass jemand eine Waffe mit in die Schule gebracht hat.

Ja ■   Nein ■

Wie würdest du dann ankreuzen:
(soweit es geht, nur eine Antwort aussuchen und ankreuzen)

☐ eher ehrlich

☐ vielleicht ehrlich

☐ eher unehrlich

☐ eher unehrlich, weil ich Angst hätte, dass vielleicht doch jemand herausbekommen könnte, was ich da angekreuzt habe

☐ eher unehrlich, weil ich solche Sachen zwar nicht selber gesehen habe, ich sie aber von anderen gehört habe und zeigen will, was so abgeht

☐ ohne mir viel Gedanken zu machen, einfach irgend etwas

☐ es würde mir Spaß machen, mir dabei irgend einen Blödsinn auszudenken („Verarschung": z.B. absichtlich Falsches ankreuzen)

☐ ich könnte mich nicht mehr genau erinnern und würde trotzdem irgend etwas ankreuzen

☐ weil ich dazu von mir aus wenig sagen könnte, würde ich mir überlegen, was wohl andere Jungen / Mädchen oder Freunde / Freundinnen ankreuzen und das dann ankreuzen

☐ ich würde so antworten, dass unsere Schule besser dasteht, als sie in Wirklichkeit ist, weil ich nicht will, dass sie einen schlechten Ruf bekommt

☐ ich würde so antworten, dass unsere Schule schlechter dasteht, als sie in Wirklichkeit ist, weil ich es cool finde, wenn sie einen schlechten Ruf hat („krasse Schule")

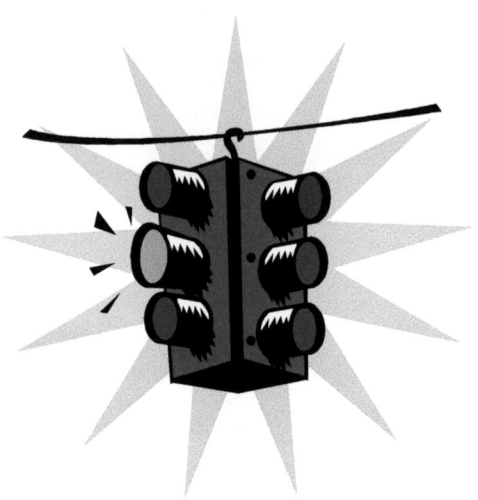

STOP !

KONZENTRATION !

Wenn in einem Fragebogen stehen würde:

In den letzten 12 Monaten ist mir mindestens alle paar Monate passiert, daß ich von einem (einer) anderen verprügelt worden bin.

Ja ■   Nein ■

Wie würdest du dann ankreuzen:
(soweit es geht, nur eine Antwort aussuchen und ankreuzen)

☐ eher ehrlich

☐ vielleicht ehrlich

☐ eher unehrlich

☐ eher unehrlich, weil ich Angst hätte, dass vielleicht doch jemand herausbekommen könnte, was ich da angekreuzt habe

☐ eher unehrlich, weil mir solche Sachen zwar nicht passiert sind, ich sie aber bei anderen gesehen habe und zeigen will, was so abgeht

☐ ohne mir viel Gedanken zu machen, einfach irgend etwas

☐ es würde mir Spaß machen, mir dabei irgend einen Blödsinn auszudenken („Verarschung": z.B. absichtlich Falsches ankreuzen)

☐ ich könnte mich nicht mehr genau erinnern und würde trotzdem irgend etwas ankreuzen

☐ weil ich dazu von mir aus wenig sagen könnte, würde ich mir überlegen, was wohl andere Jungen / Mädchen oder Freunde / Freundinnen ankreuzen und das dann ankreuzen

☐ ich würde so antworten, dass unsere Schule besser dasteht, als sie in Wirklichkeit ist, weil ich nicht will, dass sie einen schlechten Ruf bekommt

☐ ich würde so antworten, dass unsere Schule schlechter dasteht, als sie in Wirklichkeit ist, weil ich es cool finde, wenn sie einen schlechten Ruf hat („krasse Schule")

Wenn in einem Fragebogen stehen würde:

In den letzten 12 Monaten ist mir mindestens alle paar Monate passiert, daß mir von anderen gewaltsam etwas weggenommen worden ist.

Ja ■   Nein ■

Wie würdest du dann ankreuzen:
(soweit es geht, nur eine Antwort aussuchen und ankreuzen)

☐ eher ehrlich

☐ vielleicht ehrlich

☐ eher unehrlich

☐ eher unehrlich, weil ich Angst hätte, dass vielleicht doch jemand herausbekommen könnte, was ich da angekreuzt habe

☐ eher unehrlich, weil mir solche Sachen zwar nicht passiert sind, ich sie aber bei anderen gesehen habe und zeigen will, was so abgeht

☐ ohne mir viel Gedanken zu machen, einfach irgend etwas

☐ es würde mir Spaß machen, mir dabei irgend einen Blödsinn auszudenken („Verarschung": z.B. absichtlich Falsches ankreuzen)

☐ ich könnte mich nicht mehr genau erinnern und würde trotzdem irgend etwas ankreuzen

☐ weil ich dazu von mir aus wenig sagen könnte, würde ich mir überlegen, was wohl andere Jungen / Mädchen oder Freunde / Freundinnen ankreuzen und das dann ankreuzen

☐ ich würde so antworten, dass unsere Schule besser dasteht, als sie in Wirklichkeit ist, weil ich nicht will, dass sie einen schlechten Ruf bekommt

☐ ich würde so antworten, dass unsere Schule schlechter dasteht, als sie in Wirklichkeit ist, weil ich es cool finde, wenn sie einen schlechten Ruf hat („krasse Schule")

Wenn in einem Fragebogen stehen würde:

In den letzten 12 Monaten ist mir mindestens alle paar Monate passiert, daß ich von mehreren anderen Jungen / Mädchen verprügelt worden bin.

Ja ■ Nein ■

Wie würdest du dann ankreuzen:
(soweit es geht, nur eine Antwort aussuchen und ankreuzen)

☐ eher ehrlich

☐ vielleicht ehrlich

☐ eher unehrlich

☐ eher unehrlich, weil ich Angst hätte, dass vielleicht doch jemand herausbekommen könnte, was ich da angekreuzt habe

☐ eher unehrlich, weil mir solche Sachen zwar nicht passiert sind, ich sie aber bei anderen gesehen habe und zeigen will, was so abgeht

☐ ohne mir viel Gedanken zu machen, einfach irgend etwas

☐ es würde mir Spaß machen, mir dabei irgend einen Blödsinn auszudenken („Verarschung": z.B. absichtlich Falsches ankreuzen)

☐ ich könnte mich nicht mehr genau erinnern und würde trotzdem irgend etwas ankreuzen

☐ weil ich dazu von mir aus wenig sagen könnte, würde ich mir überlegen, was wohl andere Jungen / Mädchen oder Freunde / Freundinnen ankreuzen und das dann ankreuzen

☐ ich würde so antworten, dass unsere Schule besser dasteht, als sie in Wirklichkeit ist, weil ich nicht will, dass sie einen schlechten Ruf bekommt

☐ ich würde so antworten, dass unsere Schule schlechter dasteht, als sie in Wirklichkeit ist, weil ich es cool finde, wenn sie einen schlechten Ruf hat („krasse Schule")

Wenn in einem Fragebogen stehen würde:

In den letzten 12 Monaten ist mir mindestens alle paar Monate passiert, daß mir andere aufgelauert, andere mich bedroht haben.

Ja ■   Nein ■

Wie würdest du dann ankreuzen:
(soweit es geht, nur eine Antwort aussuchen und ankreuzen)

☐ eher ehrlich

☐ vielleicht ehrlich

☐ eher unehrlich

☐ eher unehrlich, weil ich Angst hätte, dass vielleicht doch jemand herausbekommen

könnte, was ich da angekreuzt habe

☐ eher unehrlich, weil mir solche Sachen zwar nicht passiert sind, ich sie aber bei anderen

gesehen habe und zeigen will, was so abgeht

☐ ohne mir viel Gedanken zu machen, einfach irgend etwas

☐ es würde mir Spaß machen, mir dabei irgend einen Blödsinn auszudenken

(„Verarschung": z.B. absichtlich Falsches ankreuzen)

☐ ich könnte mich nicht mehr genau erinnern und würde trotzdem irgend etwas ankreuzen

☐ weil ich dazu von mir aus wenig sagen könnte, würde ich mir überlegen, was wohl

andere Jungen / Mädchen oder Freunde / Freundinnen ankreuzen und das dann

ankreuzen

☐ ich würde so antworten, dass unsere Schule besser dasteht, als sie in Wirklichkeit ist,

weil ich nicht will, dass sie einen schlechten Ruf bekommt

☐ ich würde so antworten, dass unsere Schule schlechter dasteht, als sie in Wirklichkeit

ist, weil ich es cool finde, wenn sie einen schlechten Ruf hat („krasse Schule")

STOP !

KONZENTRATION !

Wenn in einem Fragebogen stehen würde:

In den letzten 12 Monaten habe ich mindestens alle paar Monate mich mit einem (einer) anderen geprügelt.

Ja ■   Nein ■

Wie würdest du dann ankreuzen:
(soweit es geht, nur eine Antwort aussuchen und ankreuzen)

☐ eher ehrlich

☐ vielleicht ehrlich

☐ eher unehrlich

☐ eher unehrlich, weil ich Angst hätte, dass vielleicht doch jemand herausbekommen

könnte, was ich da angekreuzt habe

☐ eher unehrlich, weil ich solche Sachen zwar nicht gemacht habe, ich sie aber bei

anderen gesehen habe und zeigen will, was so abgeht

☐ ohne mir viel Gedanken zu machen, einfach irgend etwas

☐ es würde mir Spaß machen, mir dabei irgend einen Blödsinn auszudenken

(„Verarschung": z.B. absichtlich Falsches ankreuzen)

☐ ich könnte mich nicht mehr genau erinnern und würde trotzdem irgend etwas ankreuzen

☐ weil ich dazu von mir aus wenig sagen könnte, würde ich mir überlegen, was wohl

andere Jungen / Mädchen oder Freunde / Freundinnen ankreuzen und das dann

ankreuzen

☐ ich würde so antworten, dass unsere Schule besser dasteht, als sie in Wirklichkeit ist,

weil ich nicht will, dass sie einen schlechten Ruf bekommt

☐ ich würde so antworten, dass unsere Schule schlechter dasteht, als sie in Wirklichkeit

ist, weil ich es cool finde, wenn sie einen schlechten Ruf hat („krasse Schule")

Wenn in einem Fragebogen stehen würde:

In den letzten 12 Monaten habe ich mindestens alle paar Monate anderen gewaltsam etwas weggenommen.

Ja ■   Nein ■

Wie würdest du dann ankreuzen:
(soweit es geht, nur eine Antwort aussuchen und ankreuzen)

☐ eher ehrlich

☐ vielleicht ehrlich

☐ eher unehrlich

☐ eher unehrlich, weil ich Angst hätte, dass vielleicht doch jemand herausbekommen könnte, was ich da angekreuzt habe

☐ eher unehrlich, weil ich solche Sachen zwar nicht gemacht habe, ich sie aber bei anderen gesehen habe und zeigen will, was so abgeht

☐ ohne mir viel Gedanken zu machen, einfach irgend etwas

☐ es würde mir Spaß machen, mir dabei irgend einen Blödsinn auszudenken („Verarschung": z.B. absichtlich Falsches ankreuzen)

☐ ich könnte mich nicht mehr genau erinnern und würde trotzdem irgend etwas ankreuzen

☐ weil ich dazu von mir aus wenig sagen könnte, würde ich mir überlegen, was wohl andere Jungen / Mädchen oder Freunde / Freundinnen ankreuzen und das dann ankreuzen

☐ ich würde so antworten, dass unsere Schule besser dasteht, als sie in Wirklichkeit ist, weil ich nicht will, dass sie einen schlechten Ruf bekommt

☐ ich würde so antworten, dass unsere Schule schlechter dasteht, als sie in Wirklichkeit ist, weil ich es cool finde, wenn sie einen schlechten Ruf hat („krasse Schule")

Wenn in einem Fragebogen stehen würde:

In den letzten 12 Monaten habe ich mindestens alle paar Monate zusammen mit anderen einen Jungen / ein Mädchen verprügelt.

Ja ■   Nein ■

Wie würdest du dann ankreuzen:
(soweit es geht, nur eine Antwort aussuchen und ankreuzen)

☐ eher ehrlich

☐ vielleicht ehrlich

☐ eher unehrlich

☐ eher unehrlich, weil ich Angst hätte, dass vielleicht doch jemand herausbekommen könnte, was ich da angekreuzt habe

☐ eher unehrlich, weil ich solche Sachen zwar nicht gemacht habe, ich sie aber bei anderen gesehen habe und zeigen will, was so abgeht

☐ ohne mir viel Gedanken zu machen, einfach irgend etwas

☐ es würde mir Spaß machen, mir dabei irgend einen Blödsinn auszudenken („Verarschung": z.B. absichtlich Falsches ankreuzen)

☐ ich könnte mich nicht mehr genau erinnern und würde trotzdem irgend etwas ankreuzen

☐ weil ich dazu von mir aus wenig sagen könnte, würde ich mir überlegen, was wohl andere Jungen / Mädchen oder Freunde / Freundinnen ankreuzen und das dann ankreuzen

☐ ich würde so antworten, dass unsere Schule besser dasteht, als sie in Wirklichkeit ist, weil ich nicht will, dass sie einen schlechten Ruf bekommt

☐ ich würde so antworten, dass unsere Schule schlechter dasteht, als sie in Wirklichkeit ist, weil ich es cool finde, wenn sie einen schlechten Ruf hat („krasse Schule")

Wenn in einem Fragebogen stehen würde:

In den letzten 12 Monaten habe ich mindestens alle paar Monate eine Waffe mit in die Schule gebracht.

Ja ∎   Nein ∎

Wie würdest du dann ankreuzen:
(soweit es geht, nur eine Antwort aussuchen und ankreuzen)

☐ eher ehrlich

☐ vielleicht ehrlich

☐ eher unehrlich

☐ eher unehrlich, weil ich Angst hätte, dass vielleicht doch jemand herausbekommen könnte, was ich da angekreuzt habe

☐ eher unehrlich, weil ich solche Sachen zwar nicht gemacht habe, ich sie aber bei anderen gesehen habe und zeigen will, was so abgeht

☐ ohne mir viel Gedanken zu machen, einfach irgend etwas

☐ es würde mir Spaß machen, mir dabei irgend einen Blödsinn auszudenken („Verarschung": z.B. absichtlich Falsches ankreuzen)

☐ ich könnte mich nicht mehr genau erinnern und würde trotzdem irgend etwas ankreuzen

☐ weil ich dazu von mir aus wenig sagen könnte, würde ich mir überlegen, was wohl andere Jungen / Mädchen oder Freunde / Freundinnen ankreuzen und das dann ankreuzen

☐ ich würde so antworten, dass unsere Schule besser dasteht, als sie in Wirklichkeit ist, weil ich nicht will, dass sie einen schlechten Ruf bekommt

☐ ich würde so antworten, dass unsere Schule schlechter dasteht, als sie in Wirklichkeit ist, weil ich es cool finde, wenn sie einen schlechten Ruf hat („krasse Schule")

Endspurt !

Nur noch 2 Fragen !

Wenn in einem Fragebogen stehen würde:

Hat Deiner Meinung nach die Gewalt an Schulen in letzter Zeit zugenommen ?

Ja ■   Nein ■   Die Gewalt ist gleich geblieben ■

Wie würdest du dann ankreuzen:
(soweit es geht, nur eine Antwort aussuchen und ankreuzen)

☐ Ich würde ehrlich meine Meinung sagen

☐ Eigentlich könnte ich dazu gar nicht so viel sagen, weil ich keine Meinung dazu habe

☐ Ich könnte das gar nicht so genau sagen und würde die Frage nicht beantworten

☐ Ich könnte das gar nicht so genau sagen und würde irgendetwas antworten

☐ Ich könnte das gar nicht so genau sagen und würde halt angeben, dass die Gewalt gleich

geblieben ist

☐ Auch wenn es vielleicht nicht ganz richtig wäre, würde ich angeben, dass die Gewalt

zugenommen hat (damit endlich einmal was dagegen unternommen wird)

☐ Auch wenn es vielleicht nicht ganz richtig wäre, würde ich sagen, dass die Gewalt

abgenommen hat (weil das Gerede über Gewalt sowieso schon übertrieben wird)

Letzte Frage: Wie hast Du diesen Fragebogen ausgefüllt ?

☐ ehrlich

☐ unehrlich

☐ teils ehrlich, teils unehrlich

☐ ohne mir viel Gedanken zu machen

☐ irgendwie

☐ nur so aus Blödsinn

☐ ich habe mir Mühe gegeben, weiß aber nicht, ob alles wirklich so stimmt, wie ich es angekreuzt habe

Vielen Dank für deine Mitarbeit !

Dein Kommentar:

Codewort: ....

Anhang D

1 **Proband 5**
2
3
4
5 **Einleitung**
6
7 *Sind Fragebögen zum Thema Gewalt an Schulen wichtig oder eher unwichtig?*
8
9 Nein, die sind nicht wichtig.
10
11 *Warum?*
12
13 Die antworten eh nicht ehrlich.
14
15 *Da kommt also nichts Ehrliches dabei raus?*
16
17 Nein.
18
19 *Ist Gewalt an Schulen kein wichtiges Thema?*
20
21 Das ist schon wichtig. Weil... sonst bringen sie sich noch um an der Schule.
22
23 *Findest du, dass es zuviel Gewalt an deiner Schule gibt?*
24
25 Ja, schon.
26
27 *Was kann man dagegen tun?*
28
29 Ich würde schlimmer bestrafen. Nicht so Verweis, das ist gar nix.
30
31 *Können da Fragebögen nicht helfen?*
32
33 Die wo was machen, die würden da gar nix sagen.
34
35 *Du meinst Schüler, die Gewalt ausüben, würden nicht ehrlich antworten?*
36
37 Ich glaub nicht. Aber ich weiß auch nicht... man weiß nie, wie die sind.
38
39 **B1**
40
41 *Ich würde so antworten, dass unsere Schule besser dasteht, als sie in Wirklichkeit ist, weil ich*
42 *nicht will, dass sie einen schlechten Ruf bekommt.*
43
44 Ja, ich hab das angekreuzt, weil... wenn ich später mal einen Beruf will, dann steht sie
45 schlecht da. Dann denkt der, ich bin genauso. Dann nehmen die mich nicht.
46
47 *Wenn du dich irgendwo bewirbst?*
48
49 Ja.
50
51 *Da wäre dann ein schlechter Ruf ein Nachteil?*

52	
53	Ja, schon.
54	
55	**b1:** *Hast du das denn gesehen?*
56	
57	Ja, klar.
58	
59	*Und du würdest es nicht ankreuzen?*
60	
61	Der Ruf ist schon wichtig. Aber... jetzt hier, bei Schlägerei... ich weiß nicht. Schlägerei ist
62	halt nicht so schlimm. Das ist dann eher bei dem anderen.
63	
64	*Was meinst du? Wie würdest du hier antworten – eher ehrlich oder eher unehrlich?*
65	
66	Ich weiß nicht... so mittendrin.
67	
68	*Du bist dir nicht sicher?*
69	
70	Ja. Vielleicht ehrlich.
71	
72	*Der Ruf der Schule ist dir also wichtig?*
73	
74	Ja.
75	
76	*Und du würdest deswegen auch Sachen verschweigen?*
77	
78	Ja... ja, schon.
79	
80	*Aber eher bei den anderen Fragen?*
81	
82	Ja. Schlägerei ist nicht so schlimm.
83	
84	**B2**
85	
86	*Eher ehrlich*
87	
88	Wenn jemand was wegnimmt... soll er es schon zurückgeben. Aber... äh...
89	
90	*Aber?*
91	
92	Das könnte hier auch sein, dass ich es nicht sag. Ich wusste nicht, was ich nehmen soll. Ich
93	wollte zwei nehmen.
94	
95	*Du wolltest zwei Antworten ankreuzen?*
96	
97	Ja.
98	
99	*Welche?*
100	
101	Na ja, das obere.
102	

103	*Eher ehrlich?*
104	
105	Ja, und das mit dem Ruf.
106	
107	*Dass du unehrlich antwortest, weil du nicht willst, dass die Schule einen schlechten Ruf*
108	*bekommt?*
109	
110	Ja.
111	
112	**b2:** *Hast du das denn gesehen?*
113	
114	Ja, ja. Schon oft.
115	
116	*Du warst dir nicht sicher, wie du antworten würdest?*
117	
118	Nein. Wenn was weg genommen wird, soll er es auch wieder bekommen. So was ist nicht in
119	Ordnung. Aber ich weiß nicht.
120	
121	*Also einerseits eher ehrlich, weil so etwas nicht in Ordnung ist. Andererseits ist dir der Ruf*
122	*der Schule wichtig und deswegen nur vielleicht ehrlich?*
123	
124	Ja, schon.
125	
126	*Warum ist dir der Ruf der Schule denn so wichtig?*
127	
128	Ja, ich will ja noch weiter gehen. Ich will noch weiter die Schule machen. Ich will
129	Realschule... dann halt Fachoberschule machen. [...] [konkrete Berufswünsche]
130	
131	**B3**
132	
133	*Eher ehrlich*
134	
135	Da hab ich mir auch wieder überlegt, welches ich nehmen will... aber da hab ich das obere
136	genommen. Das ist auch nicht so gut, wenn so viele auf einen gehen.
137	
138	*Du warst dir wieder nicht sicher, was du nehmen sollst?*
139	
140	Nein. Vielleicht hätte ich es auch nicht gesagt. Ich konnte mich nicht entscheiden. Deshalb
141	habe ich einfach eher ehrlich genommen.
142	
143	**b3**: *Hast du das denn gesehen?*
144	
145	Ja.
146	
147	*Also wieder einerseits eher ehrlich, weil so etwas nicht in Ordnung ist?*
148	
149	Ja. Dass auch mal Strafen gibt.
150	
151	*Du willst aber auch nicht, dass die Schule zu schlecht wegkommt?*
152	

153 Ja. Es ist ja schon weniger geworden ... mit der Gewalt hier an der Schule. Früher war es viel
154 schlimmer. Da war jeden Tag was los. Heute ist es seltener.
155
156 **B4**
157
158 *Eher unehrlich*
159
160 Ich weiß nicht. Da könnt ich auch ehrlich ankreuzen. Weil, ich sehe das ja nie. Also könnte
161 ich ja schon ehrlich antworten. Dass ich so was nicht sehe.
162
163 **b4:** *Also das hast du nicht gesehen?*
164
165 Nein.
166
167 *Warum hast du dann hier eher unehrlich angekreuzt?*
168
169 Wenn ich so was gesehen hätte... würde ich unehrlich antworten.
170
171 *Du würdest hier also eher ehrlich antworten, weil du so etwas nicht gesehen hast?*
172
173 Ja, genau.
174
175 *Und wenn du so etwas gesehen hättest, würdest du unehrlich antworten?*
176
177 Ja.
178
179 *Warum gerade hier eher unehrlich?*
180
181 Waffe ist viel schlimmer als des andere.
182
183 **P1**
184
185 *Eher unehrlich*
186
187 Hm. Weiß ich auch nicht genau... da würde ich eigentlich auch ehrlich antworten. Weil es mir
188 nicht passiert ist. Wenn es mir passiert wäre, würde ich unehrlich antworten. Sonst würde ich
189 ja blöd dastehen.
190
191 *Ist dir so etwas noch nie passiert?*
192
193 Nein. Nur früher... als ich noch klein war.
194
195 *Würdest du es wirklich verschweigen, wenn dir so etwas passiert wäre?*
196
197 Ich glaub schon.
198
199 *Aber es weiß doch niemand, was du angekreuzt hast.*
200
201 Ich weiß nicht. Trotzdem ist es blöd. Ich glaub, wenn es mir passiert wäre, würde ich
202 unehrlich antworten.
203

204	*Warum?*
205	
206	Ist irgendwie peinlich... das.
207	
208	*Das wurde ja auch bei der Diskussion in der Klasse gesagt – dass man vielleicht nicht*
209	*ehrlich antwortet, weil man sich sonst als Opfer fühlt.*
210	
211	Ja. Ist peinlich.
212	
213	**P2**
214	
215	*Eher ehrlich*
216	
217	Ja, da würde ich schon ehrlich antworten.
218	
219	**p2:** *Ist dir das denn passiert?*
220	
221	Nein. Aber wenn es passiert wäre... da würde ich es schon sagen. Ich würde schon ehrlich
222	antworten.
223	
224	*Bei der Frage vorher hast du gesagt, du würdest eher verschweigen, was dir passiert ist, weil*
225	*es dir peinlich wäre.*
226	
227	Das ist ja viel schlimmer... verprügeln. Wegnehmen ist gar nix.
228	
229	*Hier würdest du in jedem Fall ehrlich antworten? Ob es dir passiert ist oder nicht?*
230	
231	Ja.
232	
233	**P3**
234	
235	*Eher unehrlich*
236	
237	Ja, ich würde es auch nicht sagen... wenn mir das so passiert wäre. Des wäre auch wieder
238	peinlich... zu sagen, dass man von mehreren verprügelt wurde.
239	
240	*Peinlich?*
241	
242	Ja.
243	
244	*Obwohl es mehrere gegen einen sind? Bei einer Schlägerei eins gegen eins, da könnte man*
245	*sich vielleicht noch wehren. Aber so, da kann man doch nichts machen. Wieso ist das dann*
246	*peinlich?*
247	
248	Das ist ja noch schlimmer als einer allein.
249	
250	*Ja – schlimmer schon. Aber doch nicht unbedingt peinlich.*
251	
252	Ich weiß nicht. Mir wäre es peinlich. Wenn das jemand sieht. Dann sagt er halt: Haha, haben
253	sie dich zusammengeschlagen.
254	

255   *Es könnte also jemand sehen, was du ankreuzt und dich dann auslachen?*
256
257   Ja, schon.
258
259   **p3:** *Ist dir das denn passiert?*
260
261   Nein.
262
263   *Noch nie?*
264
265   Äh... nein.
266
267   **P4**
268
269   *Eher unehrlich*
270
271   Ich würde hier auch ehrlich antworten. Weil, das ist mir noch nicht passiert. Wenn es mir
272   passiert wäre, ich weiß nicht, würde ich unehrlich antworten.
273
274   *Ist es denn einfacher für dich, ehrlich zu antworten, wenn solche Sachen nicht passiert sind?*
275
276   Ja, viel einfacher.
277
278   *Und bei den Sachen, die dir passiert sind?*
279
280   Ist schwieriger.
281
282   *Wenn ich dich richtig verstehe: Du wärst ehrlicher bei den Fragen, wo dir nichts passiert ist*
283   *und die Sachen, die dir passiert sind, würdest du eher verschweigen?*
284
285   Ja, genau.
286
287   **Gründe Gruppendiskussion**
288
289   *Als ich bei euch in der Klasse war, haben wir ja gemeinsam diskutiert, warum man in einem*
290   *Fragebogen vielleicht nicht ganz ehrlich antwortet. Dabei wurden einige Gründe genannt,*
291   *warum man Sachen, die passiert sind, vielleicht verschweigt. Ein Grund war, dass man*
292   *Sachen, die passiert sind, nicht ankreuzt, weil man sich sonst als Petze fühlt. Wie ist das bei*
293   *dir? Würdest du Sachen in einem Fragebogen verschweigen, um dir nicht wie eine Petze*
294   *vorzukommen?*
295
296   Nein. Das ist mir egal. Wenn die was machen, sollen sie ruhig Strafe kriegen.
297
298   *Dann wurde noch gesagt, dass es eine stärkere Überwachung der Schule durch die Polizei*
299   *oder die Lehrer geben könnte, wenn herauskommt, was an der Schule so passiert. Dass man*
300   *das nicht will und deswegen nicht ganz ehrlich antwortet. Wie ist das bei dir? Würdest du*
301   *deswegen Sachen in einem Fragebogen verschweigen?*
302
303   Nein, nein. Ich will ja, dass die Strafen kriegen.
304
305   *Wäre dir das nicht unangenehm? Wenn es zum Beispiel mehr Aufsichten gibt?*

| 306 | |
| 307 | Nein, wieso? Ich mach ja nichts. |

309 *Dann wurde noch gesagt, dass die Schule einen schlechten Ruf bekommen könnte und man*
310 *deswegen vielleicht Nachteile bei einer Bewerbung hat. Wie ist das bei dir? Würdest du*
311 *wegen dem Ruf der Schule Sachen in einem Fragebogen verschweigen?*

313 Ja. Ich will nicht... ich will, dass sie gut dasteht.

315 *Das haben wir ja auch vorher schon besprochen – du würdest deswegen manche Sachen*
316 *verschweigen.*

318 Ja.

320 *Dann wurde noch gesagt, dass man Sachen, die einem passiert sind, verschweigt, weil es*
321 *einen an die Situation erinnert. Dass man ankreuzt, es sei nichts gewesen, weil man sich dann*
322 *nicht als Opfer fühlt. Wie ist das bei Dir? Würdest du Sachen, die dir passiert sind,*
323 *verschweigen, um dich nicht als Opfer zu fühlen?*

325 Ja. Ja, genau. So was ist peinlich.

327 **G1**

329 *Eher ehrlich*

331 Ja, ich prügle mich nicht so gerne mit anderen, da würde ich ehrlich antworten. Die machen
332 sich immer so wichtig, erzählen dann nach der Pause, wie sie einen verprügelt haben.

334 *Man kann sich wichtig machen, wenn man sich prügelt – man kann damit also angeben?*

336 Ja, schon.

338 *Könnte es sein, dass du deswegen vielleicht etwas übertreibst? Dass du ankreuzt, du hast dich*
339 *geprügelt, auch wenn es gar nicht stimmt?*

341 Nein. Ich mag so was nicht.

343 **g1:** *So was hast du also nicht gemacht?*

345 Nein.

347 *Und wenn du so etwas gemacht hättest? Würdest du es ankreuzen?*

349 Ich glaub schon. Prügelei... das ist jetzt nicht so schlimm.

351 **G2**

353 *Eher unehrlich*

355 Ja, wenn ich es gemacht hätte, dann würde ich nicht ehrlich antworten. Da denkt man sich,
356 das könnte man rausfinden, obwohl es so... so anonym ist. Dass man es trotzdem rausfindet.

357	
358	*Und wenn dir derjenige, der die Befragung durchführt, versichert, dass der Fragebogen*
359	*wirklich anonym ist? Dass hinterher niemand herausfinden kann, was du angekreuzt hast?*
360	
361	Ich weiß nicht. Ich wäre mir nicht sicher.
362	
363	**g2:** *Hast du so etwas denn gemacht?*
364	
365	Nein.
366	
367	*Also würdest du hier doch ehrlich antworten und Nein ankreuzen?*
368	
369	Ja, schon.
370	
371	**G3**
372	
373	*Eher unehrlich*
374	
375	Das ist auch so. Man weiß nicht, ob man es rausfindet. Aber hier würde ich auch eigentlich
376	ehrlich antworten.
377	
378	**g3:** *Hast du das denn gemacht?*
379	
380	Ja, gerade weil ich es nicht mach, würde ich eigentlich ehrlich antworten.
381	
382	*Weil du so etwas nicht gemacht hast?*
383	
384	Ja, genau.
385	
386	*Und wenn du so etwas getan hättest?*
387	
388	Ja, dann wäre ich unehrlich. Wenn ich es getan hätte.
389	
390	*Und deswegen hast du eher unehrlich angekreuzt?*
391	
392	Ja.
393	
394	**G4**
395	
396	*Eher unehrlich*
397	
398	Ja, würde ich so machen: wenn ich welche mitschleppen würde, würde ich unehrlich
399	antworten.
400	
401	*Warum?*
402	
403	Das könnt man auch wieder rausfinden.
404	
405	**g4:** *Hast du das denn gemacht?*
406	
407	Nein. So was mag ich nicht.

408	
409	*Auch nicht ein Messer oder so was – ich bin mir sicher, das du es nicht anwenden würdest?*
410	
411	Nein. Früher, in der Sechsten, Siebten, da hab ich manchmal so ein Messer in der Tasche
412	gehabt. Nur so zum Spaß.
413	
414	*Also nicht in den letzten 12 Monaten?*
415	
416	Nein, das war viel früher.
417	
418	**Abnahme/Zunahme Gewalt**
419	
420	*Ich würde ehrlich meine Meinung sagen*
421	
422	Ja, schon. Das kann man schon sagen. Die ist ja runtergegangen. Das ist nicht mehr... hier so
423	schlimm.
424	
425	*Du kannst es also mit früher vergleichen?*
426	
427	Ja, jetzt sind die rausgegangen, die sich dauernd prügeln. Die sind jetzt schon rausgegangen
428	aus der Schule.
429	
430	*An deiner Schule hat also die Gewalt abgenommen?*
431	
432	Ja, schon.
433	
434	*Und an anderen Schulen?*
435	
436	Ja, ich weiß nicht. Ich bin nur an der Schule. Ich weiß nicht, wie es da ist. Ich hab jetzt
437	gemeint, das ist nur für unsere Schule.
438	
439	*Du hast die Frage so beantwortet, als ob es nur um deine Schule geht?*
440	
441	Ja.
442	
443	*Weißt du auch etwas von anderen Schulen?*
444	
445	Eigentlich nicht. Ich bin halt nur an der.
446	
447	*Könnte dann hier auch eine andere Antwort richtig sein?*
448	
449	Ja, vielleicht dass da ... dass ich des gar nicht genau sagen könnte. Dann besser gar nix sagen.
450	
451	**Wann ist ehrliches Antworten am leichtesten/schwierigsten?**
452	
453	*Wann ist es für dich am leichtesten, ehrlich zu antworten? Wenn dir etwas passiert ist – als*
454	*Opfer – wenn du etwas gesehen hast – als Zeuge – oder wenn du etwas gemacht hast – als*
455	*Täter?*
456	
457	Wenn man etwas gesehen hat.
458	

459	*Und wann ist es am schwierigsten, ehrlich zu antworten?*
460	
461	Wenn es einem passiert ist.
462	
463	*Warum?*
464	
465	Ist peinlich.
466	
467	*Auch wenn man nichts dafür kann?*
468	
469	Trotzdem.
470	
471	*Gibt es noch etwas zum Thema Fragebögen und Gewalt an Schulen, das du noch wichtig*
472	*findest?*
473	
474	Eigentlich nicht.
475	
476	*War das Interview anstrengend für dich?*
477	
478	Nein. Kein Problem.

Kodierungsschema für Interview 5

Pb	Zeilen	Kurzbezeichnung Frage	Antwort	Kategorie
5	39 - 82	B1	vielleicht ehrlich (REAL)	RUF DER SCHULE
5	55 - 57	b1	ja	
5	84 - 129	B2	vielleicht ehrlich (REAL)	RUF DER SCHULE
5	112 - 114	b2	ja	
5	131 - 141	B3	vielleicht ehrlich (REAL)	RUF DER SCHULE
5	143 - 145	b3	ja	
5	167 - 181	B4	eher unehrlich (IRREAL)	RUF DER SCHULE
5	163 - 165	b4	nein	
5	183 - 211	P1	eher unehrlich (IRREAL)	ALS OPFER DASTEHEN
5	191 - 193	p1	nein	
5	213 - 231	P2	eher ehrlich	
5	219 -222	p2	nein	
5	233 - 257	P3	eher unehrlich (IRREAL)	ALS OPFER DASTEHEN
5	259 - 265	p3	nein	
5	267 - 272	P4	eher unehrlich (IRREAL)	ALS OPFER DASTEHEN
5	267 - 272	p4	nein	
5	327 - 341	G1	eher ehrlich	
5	343 - 345	g1	nein	
5	351 - 361	G2	eher unehrlich (IRREAL)	SICH SELBST BELASTEN
5	363 - 365	g2	nein	
5	378 - 392	G3	eher unehrlich (IRREAL)	SICH SELBST BELASTEN
5	378 - 380	g3	nein	
5	394 - 403	G4	eher unehrlich (IRREAL)	SICH SELBST BELASTEN
5	405 - 416	g4	nein	
5	287 - 296	Gründe Gruppendiskussion: PETZE	nein	
5	309 - 318	Gründe Gruppendiskussion: RUF DER SCHULE	ja	
5	298 - 307	Gründe Gruppendiskussion: ÜBERWACHUNG	nein	
5	320 - 325	Gründe Gruppendiskussion: OPFER	ja	

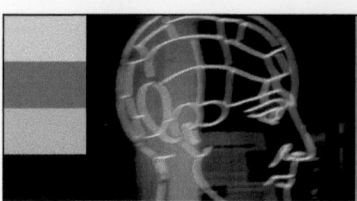

MIX
Papier aus verantwortungsvollen Quellen
Paper from responsible sources
FSC® C105338

If you have any concerns about our products,
you can contact us on
ProductSafety@springernature.com

In case Publisher is established outside the EU,
the EU authorized representative is:
**Springer Nature Customer Service Center GmbH
Europaplatz 3, 69115 Heidelberg, Germany**

Printed by Libri Plureos GmbH
in Hamburg, Germany